——————————— 님의 소중한 미래를 위해
이 책을 드립니다.

차이나는
유대인 엄마의
교육법

차이나는
유대인 엄마의
교육법

★ 자녀교육은 유대인 엄마처럼 ★

박기현 지음

메이트북스

우리는 책이 독자를 위한 것임을 잊지 않는다.
우리는 독자의 꿈을 사랑하고,
그 꿈이 실현될 수 있는 도구를 세상에 내놓는다.

차이나는 유대인 엄마의 교육법

초판 1쇄 발행 2019년 5월 1일 | **지은이** 박기현
펴낸곳 ㈜원앤원콘텐츠그룹 | **펴낸이** 강현규 · 정영훈
책임편집 이수민 | **편집** 김하나 · 안미성 · 김슬미 · 최유진
디자인 최정아 | **마케팅** 박병오 · 김윤성 | **홍보** 이선미 · 정채훈 · 정선호
등록번호 제301-2006-001호 | **등록일자** 2013년 5월 24일
주소 04778 서울시 성동구 뚝섬로1길 25 서울숲 한라에코밸리 303호 | **전화** (02)2234-7117
팩스 (02)2234-1086 | **홈페이지** www.matebooks.co.kr | **이메일** khg0109@hanmail.net
값 15,000원 | **ISBN** 979-11-6002-229-2 03370

이 도서의 국립중앙도서관 출판시도서목록(CIP)은 e-CIP홈페이지(http://www.nl.go.kr/ecip)에서
이용하실 수 있습니다.(CIP제어번호 : CIP2019013502)

아이에게 물고기를 잡아주어라. 한 끼를 배부르게 먹을 것이다.
아이에게 물고기 잡는 법을 가르쳐주어라.
그러면 평생을 배부르게 먹고 살 수 있을 것이다.

· 『탈무드』 ·

남들과 다르게 살라는 유대인 엄마들

한국 엄마는 극성 열혈 엄마들이다. 물론 일본 엄마도, 영국 엄마도 정도의 차이는 있지만 극성 엄마들이다. 그러나 세계적으로 가장 극성 엄마를 꼽으라면 단연코 유대인 엄마다. 자녀교육에 열정적인 엄마들을 'Jewish Mom(유대인 엄마)'이라고 부르는 배경에는 자녀 교육을 최우선으로 하는 유대인 엄마의 극성스러운 교육열이 있다.

한국인과 유대인의 두 집단 간 차이는 분명하다. 그냥 차이가 아니라 확연하게 벌어지는 차이점이 있다. 한국인은 무조건 1등이 목표다. 서열상 앞으로 달려나가야 하고, 경쟁에서 무조건 이겨야 사회에서 우위를 점할 수 있다고 가르친다. 반면 유대인들은 1등이 목표가 아니다. 자녀들에게 남들처럼 살지 말고 남들과 다르게 살아야 한다고 가르친다. 이 점이 오늘의 탁월한 유대인을 만든 배경이다.

우리 엄마들은 자녀가 학교에서 돌아오면 "오늘 선생님 말씀 잘 들었니?"라고 묻지만 유대인 엄마는 자녀가 학교에서 돌아오면 "오늘 뭘 질문했니? 넌 뭘 느꼈니?"라고 물어본다. 이 차이가 유대 사회에서 특별한 인재를 배출하는 이유고, 우리와 격차가 벌어지는 사회적 배경을 만든다.

한국 엄마들은 자녀가 틀린 것을 고쳐 1등이 되는 데 주력한다. 하지만 유대인 엄마들은 자녀에게 차이가 무엇인지, 다름이 무엇인지를 가르친다.

불확실하고 지나치게 경쟁적인 한국 사회 분위기 속에서 미래 세대를 어떻게 키워야 할 것인지 고민하는 부모들이 늘어나고 있다. 정규교육에 만족하지 못하는 젊은 부부들은 해결책을 대안학교 등 제도권 밖에서 찾으려는 노력도 기울이고 있으나 대안이 생각보다 마땅치 않아 고민하고 있다.

한국 사회는 지금 혼란의 정점에 서 있는 듯하다. 기존 질서가 모두 붕괴되고 스승의 자리는 유튜브나 네이버 지식인이 차지한 지 오래다. 어른은 없고 아이만 있는 키덜트 사회다. 배우려 들지 않고, 가르쳐도 받아들이지 않는다. 학교도 가정도 사회도 온통 무질서와 혼란에 빠져 있다.

이제는 새로 시작해야 한다. 우리의 가정도 교육도 새로 세워야 한다. 유대인 엄마의 자녀교육을 다시 들고 나온 이유가 여기에 있다.

늦은 나이에 신학을 공부하고 대학에서 학생들을 가르치다가 우연히 유대 사회와 교육에 관심을 갖게 되었고, 여러 권의 책도 썼다. 책을 쓰며 자연스럽게 우리나라의 자라나는 세대에 대한 관심도 커지고, 교육하는 방법도 여러모로 생각해보게 되었다.

요즘 내가 생각하는 것은 우리 사회의 건강성이다. 우리 사회는 건강한가? 사회를 지탱하고 있는 가정은 건강한가? 이런 관점에서 볼 때 한국 사회는 전혀 건강하지 않으며 심각한 가정 붕괴를 앞두고 있다고 생각한다. 1인 가구one person household가 크게 늘어나고, 가족간 대화가 사라지고 있으며, 가정이 파괴되고 있으며, 가족 구성원끼리 서로 신뢰를 잃는 위기를 맞고 있다. 이런 분위기는 결국 우리 사회의 건강을 깨뜨리고, 가정을 무너뜨리며, 자라나는 미래 세대의 불안을 야기하게 될 것이 분명하다.

이런 현상은 우리나라뿐 아니라 서구 사회에도 공통적으로 나타나고 있어 사회적 불안의 요소가 되고 있다. 그럼에도 이 같은 가정 해체가 가장 더딘 나라가 이스라엘이다. 유대인들은 가정에서 여전히 밥상머리 교육이 중시되고, 부모의 역할이 상대적으로 더 강화되고 있는 유일한 민족이다.

유대 사회는 유명한 가부장 사회다. 질서상으로 남자가 앞서 있고 권위도 갖고 있다. 과거에 유대 사회에서는 여성을 사람 숫자 셀 때 포함조차 하지 않을 정도였다. 그런데 유대 사회는 또 모계 사회라고 알려져 있다. 보이지 않는 사회 곳곳에서 엄마의 역할이 그만큼 중요하게 차지하고 있기 때문이다.

유대 부모들, 특히 자라나는 세대의 교육의 책임을 주로 맡아온 유대인 엄마들은 자녀들을 어떻게 교육할까? 그들이 자녀교육에 성공하는 배경은 어떤 것일까? 어린 자녀들과 성장한 청년들이 부모 말씀에 순종하고 스승의 교육에 복종하는 이유는 무엇일까?

그들이 우리와 다른 점은 무엇이며, 우리가 고쳐야 할 점은 무엇일까? 이 점을 생각해보고자 이 책을 집필하게 되었다.

지난 10년간 유대와 관련한 책을 집필하고 가르치면서 다시 새롭게 느낀 점을 모아 이 책에 실었다. 독자 여러분의 사랑과 관심을 기대한다.

청랑 박기현

차 례

1장 남과 다르게 키우는 유대인 엄마

2장 하브루타로 소통하는 유대인 엄마

3장 유대인 엄마의 차이나는 경제교육

4장 배려를 가르치는 유대인 엄마

 5장 역사를 잊지 않게 하는 유대인 엄마

6장 남편의 권위를 살려주는 유대인 엄마

『차이나는 유대인 엄마의 교육법』
저자 심층 인터뷰

'저자 심층 인터뷰'는 이 책의 주제와 내용에 대한 심층적 이해를 돕기 위해
편집자가 질문하고 저자가 답하는 형식으로 구성한 것입니다.

Q. 『차이나는 유대인 엄마의 교육법』을 소개해주시고, 이 책을 통해 독자들에게
전하고 싶은 메시지가 무엇인지 말씀해주세요.

A. 유대인 엄마들은 자녀들을 사회에 맞추려고 노력하지 않습니다.
그들은 자녀들에게 남과 다르게 살 것을 요구합니다. 개성을 가진,
자기들 가문의 교육방식에 따라 맞춤형 인재로 커가기를 원하는
것입니다. 이 때문에 유대인 엄마들은 학교나 특정 교육기관에 자
녀를 맡겨두는 것이 아니라 직접 관여하고 참견하기를 좋아합니
다. 반면 우리나라는 언제부터인가 가정교육이 자녀교육의 가장
근본이라는 것을 놓치고 있습니다. 유대인 엄마들은 자신이 자녀
교육의 마지막 보루라고 생각합니다. 물론 집단농장 같은 곳에 위

탁하는 경우도 있지만 그렇다고 해서 방관하지 않습니다. 어찌 보면 우리 사회의 부모와는 다른, 간섭이 많고 잔소리도 많은, 그러면서도 자녀와 대화를 주도해나가며 개인의 개성을 키워주는 방식이 유대인 엄마들의 독특한 교육방법입니다.

Q. 유대인 엄마만의 특별한 질문법이 있고 유대 사회는 이를 기반으로 한 질문력을 중요한 자산으로 여긴다고 하셨는데, 어떤 질문법인지 자세하게 설명 부탁드립니다.

A. 유대인 엄마들은 자녀들에게 끊임없이 간섭하고 계속해서 질문합니다. 계속해서 꼬리에 꼬리를 물고 들어가는 질문을 던지면서 자녀가 깊이 생각하게 하고 대답하도록 유도합니다. 원인과 배경을 끊임없이 살펴 대답하도록 유도하는 것이 유대인 엄마들의 공통된 질문 방식입니다. "왜 그런 생각을 했지?" "그렇게 생각한 계기는 뭐였어?" "네 친구라면 이 문제를 어떻게 생각할까?" "그래서 네가 내린 결론은 무엇이니?" 이런 식으로 꼬치꼬치 묻습니다. 그리고 그 결론을 바탕으로 행동할 때 책임을 요구합니다. 유대 사회는 야훼 하나님이 내린 신탁과 전통을 중요시합니다. 그래서 3,400년 전의 오래된 율법을 아직 준수하고, 보이는 것보다 보이지 않는 것을 중시하는 전통이 만들어져 있습니다. 보이지 않는 것을 생각으로 풀어내려고 하니 사고력이 높아지고, 논리적이고 합리적인 생각의 단지들이 쏟아져 나오는 것입니다. 이것이 유대 지식사회 발전의 밑천입니다.

Q. 유대인 엄마가 자녀에게 책을 읽어줄 때, 유대인들이 공통적으로 사용하는 책읽기 방법이 있다고 하셨습니다. 그 방법에 대해 설명 부탁드립니다.

A. 유대인 엄마가 자녀에게 읽어주는 책이 대부분 토라, 즉 모세오경이라는 것이 가장 큰 특징입니다. 그들에게 아브라함이나 모세, 요셉, 야곱은 역사적으로 현시대와 동떨어진, 그래서 이름도 기억할까 말까하는 조상들이 아닙니다. 매일 접하고 듣는 판단의 기준입니다. "요셉이라면 어떻게 했을까?" "야곱이라면 이 문제를 어떻게 풀까?"라는 식으로 토라의 역사가 곧 캐논이 됩니다. 캐논은 자, 척도를 가리키는 기준을 뜻합니다. 옳고 그른 판단을 역사로 판단하는 것입니다. 우리가 을지문덕, 단군할아버지, 광개토대왕의 삶을 오늘의 삶의 기준으로 받아들이는지를 생각해보면 이러한 점에서 우리나라와 유대 사회의 기준점이 다르다는 것을 알게 됩니다. 토라는 모든 자녀교육의 원천이고 사전이고 사례집입니다. 그 기준을 옛날이야기가 아니라 오늘의 판단점으로 삼도록 가르치는 것이 유대인 엄마들의 책 읽어주는 방법입니다.

Q. 유대인의 '하브루타' 교육은 거창한 것이 아니라고 하셨습니다. 하브루타 교육에 대해 자세하게 설명 부탁드립니다.

A. 유대인의 하브루타 교육은 단독 과외수업이나 일방적인 수업이 아닙니다. 서로 짝을 이루어서 대화를 하되, 두 사람이 서로 질문하며 토론과 응답으로 해답을 찾아가는 과정입니다. 즉 하브루타는 파트너와 서로 질문하고 답하면서 토론하는 수업 방식을 의미

합니다.

히브리어인 하브루타는 원래 하베르라는 말에서 나왔는데 '대등한' '가르치고 배우는 관계'를 의미합니다. 우리는 하브루타 교육법을 배운 적이 없어 전문직 교사라 할지라도 질문과 대답을 유대인들처럼 하기 어렵습니다. 서로 대등하게 존중하기도 어렵습니다. 하브루타에는 참을성과 경청의 노력이 필요합니다. 오랜 전통으로 따지고 캐묻고 대답해가며 생각하는 훈련이 된 유대인들에게는 하브루타가 유익합니다. 토론이나 논쟁을 통해 깊고 넓은 결론을 얻어가는 것입니다. 치열한 대화와 결론이 없을 것 같은 지루한 논쟁 끝에 나름의 결론을 내고, 합의점을 찾지 못해 결론이 없어도 서로 얻는 것이 있다는 점이 하브루타의 장점입니다.

Q. 유대인들의 밥상머리 교육은 특별하다고 하셨습니다. 유대인들의 밥상머리 교육에 대해 설명 부탁드립니다.

A. 우리나라에도 밥상머리 교육이 있었습니다. 할아버지, 아버지, 손주로 이어지며 삶과 죽음을 이야기하고 가문의 철학과 사상을 가르치던 시절이 있었습니다. 그러나 현재 가족간의 대화는 단절되고 가정교육은 축소되었습니다. 유대 사회는 여전히 역사의 시계추가 작동합니다. 매주 금요일(안식일) 저녁부터 하루 동안 온가족이 TV나 휴대폰을 끄고 대화의 장을 엽니다. 가장 맛난 음식으로 가족이 함께 식사를 준비하고 서로 먹고 마시면서 진지하게 삶의 문제를 이야기합니다. 부모와 자녀의 관계가 유대 가정의 밥상머

리 교육입니다. 그래서 가장 세대차가 없는 사회가 유대 공동체입니다. 물론 다툼과 분쟁, 시기와 질투가 존재합니다. 그럼에도 "전통이야"라는 이 한 마디에 구성원들이 수긍하는 분위기가 유대 사회입니다. 역사로 시작해서 현재의 적용으로 이어지는 그들의 대화방식이야말로 지구상에 몇 남지 않은 밥상머리 교육의 표본이라고 할 수 있습니다.

Q. 유대인의 경제관념은 우리나라와 다르다고 하셨습니다. 유대인들은 자녀에게 어떻게 경제교육을 하는지 자세하게 설명 부탁드립니다.

A. 유대 부모는 자식에게 부를 세습하고 이를 잘 지키도록 가르칩니다. 유대 사회는 경제관념이 우리와 사뭇 다릅니다. 정당하게 벌고 깨끗하게 쓸 줄 아는 경제교육을 가정에서부터 실천하게 합니다. 모든 수입의 십분의 일은 야훼 하나님의 것이므로 기꺼이 내놓습니다. 거기에 다시 십분의 일 정도를 구제와 선행의 선물로 내놓습니다. 어릴 적부터 이 훈련이 몸에 배게 합니다.

자녀가 13살이 되면 성인식을 하는데 이때 부모나 친지가 예금통장이나 목돈, 창업자금 그리고 보험증서를 선물로 줍니다. 그리고 성인이 되기까지 이 밑천을 어떻게 활용하고 부를 늘릴 것인지를 연구·조사하게 하고 그 결과를 품평하며 훈련시킵니다. 스스로 재무설계를 하도록 만드는 것입니다. 남녀 모두 청년이 되고 군에 다녀오면 창업은 자연스레 이루어집니다. 그리고 그 부를 다음 세대를 위해 장기 투자나 연금보험, 장기펀드 투자에 넣게 합니다.

대를 이어가는 재무설계야말로 유대 사회의 특별한 경제교육 방법입니다.

Q. 유대인 엄마는 『탈무드』를 통해 자녀교육을 하는 경우가 많다고 하셨습니다. 『탈무드』는 어떤 책인지, 어떻게 『탈무드』로 자녀교육을 하는지 설명 부탁드립니다.

A. 『탈무드』는 과거형이 아니라 현재진행형이고 미래지향형인 삶의 지혜서입니다. 유대 사회의 스승인 랍비는 남북왕국(이스라엘, 유다)이 멸망당한 후 백성들을 가르치기 위해 회당을 중심으로 사람들을 모아 신앙·언어·풍습·문화·전통 등을 철저히 지키도록 교육하기 시작했습니다. 이때 교육 교재로 활용한 것이 『미드라쉬』와 『미쉬나』 그리고 『탈무드』입니다. 미드라쉬는 토라(모세오경)를 해석한 일종의 설교집이자 해설서이고, 미쉬나는 토라에 기록되지 않은 하나님의 말씀과 현실적인 문제점을 해석하고 가르쳐주는 토라의 해설집입니다. 『탈무드』는 『미쉬나』에 생활별·사례별 실천사항을 보탠 것이라고 보면 됩니다.

경전 실천사례집을 6개의 카테고리로 나누고 63권의 작은 책으로 꾸민 것이 오늘의 『탈무드』입니다. 『탈무드』는 해석이 날마다 새로워지고 가필加筆되고 있습니다. 학교와 가정에서 누구나 접하고 읽고 실천하는 공동체 지혜서이기 때문에 유대인 엄마들은 『탈무드』를 사전처럼 늘 자녀 곁에 두고 가정교육의 커리큘럼으로 가르치고 있습니다.

Q. 솔로몬의 「잠언」에는 20가지에 이르는 자녀교육에 관한 말들이 있다고 하셨는데, 「잠언」에 대해 자세하게 설명 부탁드립니다.

A. 「잠언」은 세상을 사는 인생이 추구해야 할 삶의 지혜를 짧은 문장들로 소개한 일종의 시가서입니다. 유다왕국의 솔로몬왕은 통일 이스라엘 왕국의 마지막 왕으로, 가장 큰 영토를 다스리면서 지중해와 인도양을 잇는 광대한 지역을 수중에 넣은 경제대국의 무역왕이었습니다. 세상에서 누릴 수 있는 부를 있는 대로 누렸던 그는 말년에 성경 속의 지혜서인 「잠언」과 「전도서」를 집필해 자손들에게 남겼습니다. 그 항목들만 보면 "내 말을 들어라, 내 훈계를 들어라, 내 말을 받으라, 내 권고를 들으라, 내 말에 주의하라, 지혜 있는 자의 말씀을 들으라" 등등 청년들이 읽고 배워야 할 삶의 지혜를 담고 있습니다.

솔로몬의 「잠언」은 하나님의 명령을 지켜 행하되 순종하고 불평하지 말며, 각 가정에선 부모의 권위와 말씀에 복종하고 유혹을 멀리하며 나쁜 길로 들어서지 말라는 것으로 요약할 수 있습니다. 솔로몬은 3천 편 이상의 「잠언」을 썼다고 하는데 현재의 성경은 31편의 「잠언」만 수록하고 있습니다. 그는 갖은 부를 누렸지만 후에 자신의 일탈과 비신앙적 행위들, 돈과 여인만 좇아 살았던 삶에 대해 깊은 후회를 하고 「잠언」을 남겼습니다.

Q. 유대 가정에서 아버지의 역할이 따로 있다고 하셨는데, 유대 아버지의 자녀
교육법은 무엇인가요?

A. 유대 사회를 평가할 때 '질서사회'라는 말을 쓰는 경우가 있습니
다. 이것은 유대 공동체가 철저한 순위를 앞세운 질서를 중시하는
사회라는 점입니다. 모든 공동체에는 순서가 있다고 믿고 그 순서
에 순응하는 사회를 만들어 온 것이 유대 공동체입니다.

식사를 하고 음식을 나누는 우선순위가 질서로 정해져 있고 그 중
에서 가정의 경우 아버지가 맨 위에 있습니다. 겉으로만 봤을 때,
엄마는 없고 딸들은 보이지 않는 철저한 가부장 사회의 전통으로
보입니다. 그러나 모든 결정에는 유대인 엄마가 깊이 개입하고 관
계의 질서를 정리하고 세워나갑니다. 또 한편으로 아버지가 엘리
야의 의자에 앉아 안식일 행사를 주관하고 가정의 모든 대소사의
결정권을 갖습니다. 우선순위가 헷갈릴 때는 랍비의 가르침 아래
세워가는 것이 유대 아버지의 자녀교육법입니다.

1. 네이버 검색창 옆의 카메라 모양 아이콘을 누르세요.
2. 스마트렌즈를 통해 이 QR코드를 스캔하시면 됩니다.
3. 팝업창을 누르시면 이 책의 소개 동영상이 나옵니다.

유대인들에게는 "아버지로부터 시작된 교육을 어머니가 완성한다"라는 말이 전해온다. 오랫동안 가부장 사회인 유대 사회에서 유대 가정의 신앙교육과 가문에 대한 교육은 대를 이어 자식들에게 전수된다. 가정에서 아버지의 교육이 중요한 역할을 하는 것은 사실이다. 진학·취업·결혼 등의 선택지를 결정할 때 여전히 아버지가 가장 큰 결정권을 가지고 있다. 그러나 유대인 가정의 내면을 깊이 들여다보면 이런 가부장적 아버지를 움직이며 가정의 대소사나 결정권을 가진 이는 엄마이고, 오히려 아버지는 이를 돕는 차원이라는 사실에 놀라지 않을 수 없다. 유대인 엄마들의 자녀교육이 오늘의 이스라엘을 낳은 모태가 된 것이다.

1장

남과 다르게 키우는
유대인 엄마

1

생각의 꼬리를
계속 찾게 한다

생각의 힘을 키워라. 사람이 밥을 먹어야 성장하듯 생각도 지혜를 먹어야 자란다.
| 유대 격언 |

"왜? 그런 생각을 하게 된 이유는 무엇이니?"

"네 생각이 다른 친구들의 생각과 같다고 생각해? 아니라면 너는 왜 다르게 생각한 거지?"

유대인 엄마라면 이렇게 꼬리에 꼬리를 물고 계속 질문하는 버릇이 몸에 배어 있다. 유대인 엄마들은 결코 결론을 서두르지 않고 집요하리만큼 질문을 던지기 때문에 자녀들은 논리적으로 생각하는 방법을 익히게 된다. 대답을 준비하면서 생각하는 법을 배우게 되는 것이다. 필자 시대의 엄마들은 "잘했다" 아니면 "잘못한 거야"가 고작이었다. 당시 여성들은 남자들에 비해 교육받을 기회도 부족했고, 가부장적 아버지에게 눌려 자신의 의견을 주장할 여유나 분위기도 부족했다. 여기에 어른들에게 질문하는 것을 말대꾸라고 생각하며 못마땅하게 여기는 유교적 전통 아래 억눌렸기 때문에 자신의 의견을 말하는 데 익숙하지 못한 것도 사실이었다.

필자의 어릴 적 한 친구는 유복한 집에서 태어나 공부를 아주 잘했지만 말썽도 많이 부려 동네에 소문난 말썽쟁이 고등학생이었다. 어느 날 이 친구가 꼭 사고 싶은 것이 있어 돈을 달라고 엄마에게 떼를 쓰기로 했다.

"엄마, 저 콘사이스 사게 돈 좀 주세요."

콘사이스는 당시 우리가 부르던 영어사전의 다른 이름이다.

"얼만데?"

"3천 원(당시 보리 반 가마의 값)이요."

"뭐가 그리 비싸노?"

"그런 게 있어요, 꼭 필요하거든요."

"…"

아들이 눈 똑바로 뜨고 대답하면 엄마는 할 말이 없었다.

이 친구는 일주일 후에 다시 엄마에게 돈을 요구했다.

"엄마, 저 돈 좀 주세요."

"어디 필요한데?"

"에센스 사게요."

에센스도 당시 우리가 영어사전을 줄여서 부를 때 쓰는 말이었다. 예컨대 '에센스 콘사이스 영한사전'이라는 식으로 이름 붙은 사전류들이 많았던 것이다.

"그게 뭔데?"

"그거 설명해도 못 알아들으실 텐데요…"

"…"

이 친구는 다음달에 다시 딕셔너리를 산다고 했다가 마침 들어온 대학생 형에게 걸려 죽도록 얻어터졌다. 그 친구 어머니에게 인사하러 갔더니 내게 이런 말씀을 하셨다.

"너도 엄마한테 콘사이스 에센스 사달라고 하나?"

"아뇨. 집에 돈이 있어야 그런 말도 해보죠…"

그랬더니 어머니가 피식 웃으시며 돈을 주시면서 "책 사봐라" 하셨다. 그러고는 이어 말씀하셨다.

"우리는 아버지한테서도 엄마한테서도 잘못 묻다가 혼이 나곤 했지. 잘못 질문하면 늘 야단을 맞아서 아예 입을 다무는 게 낫다고 생각하고 살았단다. 그랬더니 아들마저 나를 무시하고 돈을 뜯어가더라. 너는 그러지 말아라."

너무 옛이야기 같지만 필자도 그런 세대의 마지막을 경험했던 터라 "왜"라고 물어보는 일에는 지금도 익숙하지 못하다. 그래서 따지고 캐묻는 일에는 전혀 소질도 없고 애초에 교육받은 적도 없어서 그냥 수긍하고 마는 게 버릇이 되고 말았다. 우리 동년배와 선배들이 그렇게 묻지도 따지지도 않고 열심히 산 결과, 물질적인 것은 나아졌는데 정신적인 것은 여전히 그대로다. 그 부모 밑에서 자란 우리 자녀들도 크게 나아진 것 같지 않다.

유대인 엄마라면 자녀가 사려는 것이 무엇인지 알지 못했더라도 자녀의 생각을 캐묻고 파고들었을 것이다. 유대인 엄마라면 자녀에게 이렇게 물었을 것이다.

"그게 너한테 꼭 필요하니?"

"남들은 어떻게 공부한다고 생각하니?"

"그 사전을 사서 어떻게 공부할 거니?"

"다른 사전들은 없어도 되니?"

이렇게 자녀의 생각을 추궁하듯 질문할 것이 틀림없다. 물론 자녀에게 하나하나 캐묻는 것이 사람을 질리게 한다고 생각할 수도 있다. 그러나 단순하게 생각하고 결정해 버리는 자녀의 잘못된 버릇을 완전히 고칠 수 있으니 유대인 엄마의 자녀교육법이 실로 중요하다고 할 만하다.

유대인 엄마들은 필요한 것, 예를 들어 연필 한 자루 사는 것조차 생각해보고 결정하게 하고 충동적으로 물건을 사지 않게 가르친다. 이것이 유대인 엄마들의 자녀교육법이다.

그리고 유대 자녀들은 질문에 대답하기 위해 하는 생각들이 꼬리를 물고 결국 생각하는 법이 키워지게 되는 것이다.

만일 자녀가 뭔가 석연찮은 거짓말을 한다고 느낀다면 유대인 엄마는 서슴없이 이렇게 질문할 것이다.

"너 야훼 하나님● 앞에 네가 말한 것이 올바르다고 말할 수 있니?"

● 야훼 또는 여호와는 기독교와 천주교, 유대교에서 믿는 하나님의 이름이다. 히브리어로 여호와와 야훼의 중간쯤 되는 발음으로 불린다. 본문에선 야훼 하나님으로 표기하고, 개신교 성경을 옮겨 적을 때는 본문 그대로 여호와라고 표기했다.

정직을 목숨처럼 지켜라

이건 유대 가정에서 엄마가 마지막에 던지는 신앙적 리트머스 시험지 같은 것이다. 만일 올바르다고 거짓말하면 순간의 위기는 비켜날 수 있을지 몰라도 평생 신앙적 부담을 갖고 살게 된다. 그렇지 않다고 하면 적어도 심한 체벌을 감수해야 한다. 그래서 눈 똑바로 뜨고 유대인 엄마가 이렇게 질문하면 자녀들은 항복할 수밖에 없다.

유대인 엄마라면 앞의 질문들을 사정없이 던졌을 법하다. 그것도 꼬리에 꼬리를 무는 질문을 던지며 자식의 눈을 바로 쳐다보았을 것이다. 안 묻는 것이 이상했을 것이다.

유대인들은 어렸을 때부터 정직이 몸에 배도록 철저하게 가르침을 받는다. 학교에서 시험을 볼 때 감독이 없다면 정말 이상한 일이지만 유대 전통적 신앙을 고수하는 학교에선 시험 감독을 따로 세우지 않는다. 필자는 자녀의 중고등학교 시험 때마다 학부모 자격으로 교사와 함께 반마다 들어가 시험 감독을 봤던 기억이 난다. 그래도 그 속에서 몰래 훔쳐보는 아이들이 있었다. 유대 정통주의 학교에선 어림도 없는 일이다.

유대인들은 모든 거래에 정직한 거래가 우선이 되도록 가르친다. 문방구 같은 곳에서 잔돈을 제대로 챙겨오지 않는 자녀는 야단을 맞고 당장 돌아가 셈을 제대로 해야 한다. 외상 거래는 아예 없다. 모든 상거래는 정직과 신용이 우선이지만 공짜 거래는 꿈도 꾸지 못한다. 사회 곳곳, 모든 기관과 공동체는 정직을 바탕으로 이루어지고 있다.

어려서부터 집단 농장이나 공동체 사회에 들어가 기숙사생활을 자주하는 유대 자녀들은 철저하게 정직과 신용을 강조하는 가르침을 받는다. 만약 이를 어기거나 속이면 당장 공동체 사회에서 큰 불이익으로 돌아온다. 심하면 쫓겨나기도 하니 사회 전체에 거짓과 부패가 싹트기 쉽지 않은 시스템을 갖추고 있는 셈이다.

신앙적으로 이야기하자면 정직은 경건과 거룩에서 비롯되는 결과물이다. 히브리어로 '경건'은 창조주 하나님 앞에서 죄와 구분되는 삶을 사는 것을 말한다. 그러므로 신앙의 출발인 회당*에서부터 가정교육, 학교 교육, 시장에서의 자본주의 교육에 이르기까지 모든 교육의 주안점은 '정직'에 있다. 유대인이 세계적인 명성을 얻은 근본적인 이유에 '정직'의 태도가 바탕에 깔려 있다.

이 차이가 우리와 이스라엘의 문화적 차이를 낳았다. 유대 부모들은 가족간에도 서로를 끊임없이 관리하고 정직한지 신용이 있는지를 점검한다. 그 와중에 자녀들은 끊임없이 물어보고 대답을 기다려 토론하는 문화가 정착되어 있다. 이 때문에 분석력이 높아지고, 사건을 해결하는 힘이 커지고, 경쟁력이 강해진 것이다. 그런 중에 스타벅스의 하워드 슐츠Howard Schultz가 나왔으며, 투자의 귀재 조지 소로스George Soros가 나올 수 있었다.

이들은 정상에 오른 특별한 인물들이다. 물론 우리나라에도 세계

● 회당 : Synagogue, 會堂. 유대교 공동체의 예배당. 주로 예배와 각종 집회, 교육훈련 장소로 쓰이는 곳이다. 예루살렘에서 성전예배를 드릴 수 없었던 바빌로니아 포로시절에는 회당이 교육훈련 및 기도의 장소로 부각되었다. 1세기경부터 유대인 공동체가 있는 곳에는 어디에나 반드시 회당이 세워져 있었다. 지금도 회당은 유대인의 종교적인 집결지다.

적 지식인이나 박사급 인재, 경제인들이 있다. 그러나 그들을 따라 잡으려는 빙산의 저변들이 너무도 부족한 것이 현실이다. 유대 공동체 사회엔 스필버그가 세계 최대 민항기에 가득 채울 만큼 많다는 말은 허풍이 아니다. 그런 싱크탱크들이 저변에 널려 있게 된 배경에는 끊임없이 토론하고 질문하는 유대 청소년들의 노력이 있기에 가능한 것이다. 즉 질문의 힘 덕분에 유대인 중에 노벨상 수상 지식인들이 끊임없이 쏟아져 나오는 것이다. 그리고 그 힘은 유대인을 지배하는 정신적 기둥이 되었다.

2

질문의 힘,
'네 생각은?'이라고 묻는다

묻고 답하는 중에 인생의 진리를 발견하게 된다.
묻지 않는 자는 귀를 닫고 살겠다고 작정한 미련한 인간이다.
| 탈무드 |

자녀가 학교에 다녀오면 우리나라 엄마의 대부분은 이렇게 묻는다.

"학교에서 별일 없었니?"

그러면 곁에 있던 아버지도 끼어들어 이렇게 묻는다.

"오늘 선생님 말씀은 잘 들었니?"

그렇다면 유대인 부모들은 어떨까? 유대인 부모는 자녀에게 전혀 다른 질문을 던진다.

"오늘 선생님께 뭘 질문했니?"

이 간단하지만 극명한 문화적 차이가 오늘의 한국과 이스라엘의 차이를 낳았다고 해도 과언이 아닐 것이다.

그러면 유대인 엄마들은 자녀들에게 어떤 질문을 던질까? 이것이 정말 궁금하지 않은가?

유대인 엄마들은 먼저 자녀들에게 이렇게 물어본다.

"마타호쉐프"

'네 생각은 무엇이니?'라는 뜻이다. 한국인이 직장이나 학교에서 가장 부족한 것이 바로 이 질문에 대답할 준비가 되어있지 않다는 것이다. 이 질문 하나가 주는 영향력은 실로 대단하다. 바로 자녀의 자존감을 키워주기 때문이다. "네가 낄 자리가 아니야" "애들이 왜 어른들 말씀하는 데 끼어들어?" "네가 뭘 안다고?" 이런 대화는 자녀의 생각을 막아버리고 포기하게 만들며 자존감을 무너뜨린다.

한국 사회에서는 이상하게도 상대의 나이를 물어보는 것을 당연하게 여긴다. 그리고 물어보는 것에 그치지 않고 나이가 곧 서열이 되며, 서열이 낮은 사람의 질문이나 충고는 건방지다고 생각한다. "나이도 어린 것이…" 이 말 한마디에 우리의 교육방식이 그대로 드러난다.

유대인 엄마는 자신의 가르침이 자녀에게 절대적으로 영향을 끼친다고 생각한다. 자신의 자녀가 부모를 통해 부모의 모든 것에 영향을 받고 배운다는 인식이 유대인 엄마의 생각과 행동 바탕에 깔려있다. 자녀가 보고 듣고 배우고 생각하는 모든 것에 자신이 깊은 영향을 미치기 때문에 말 한마디도 조심하며 이야기하게 되는 것이다.

이사를 할 때 우리나라 부모들은 대개 자신들의 경제적 형편을 고려해서 이사갈 집의 규모와 쓰임새를 살핀다. 그리고 자녀가 살 방도 자녀와 상의없이 정해버리기도 한다. 하지만 유대 부모들은 자녀에게 꼭 물어본다.

"텔아비브(이스라엘 서부 지중해 연안에 있는 도시)로 이사를 갈 생각이다. 네 생각은 어떠니?"

바로 앞에서 말한 '마타호쉐프'다. 자녀의 생각을 먼저 물어보는 것이 유대 부모의 자녀교육법이다.

한국 부모들은 "게임 그만해!" "숙제는?" "너는 그것밖에 못하니?" "말도 안 되는 소리 그만해" 같은 말로 자녀를 다그치는 데만 익숙하다. 이는 자녀의 자존감을 무너뜨리는 대화법이다.

자녀교육에 있어 자존감은 매우 중요한 요소다. 자존감self-esteem은 자신에 대한 존엄성으로 타인들의 외적인 평가나 인정, 칭찬에 의해 형성되는 것이 아니라 내면의 성숙한 사고와 가치에 의해 얻어지는 자기 자신의 의식을 말한다. 자존감이 제대로 형성된 자녀는 외부의 평가에 함부로 휘둘리지 않고 일희일비하지 않는 그야말로 자존감 높은 사람이 되는 것이다.

자존감이 제대로 형성되면 자신을 존중하고 사랑하게 된다. 자신의 능력과 한계를 알고, 그 이상의 일을 맡게 되면 타인에게 도움을 청할 줄도 안다. 자존감은 자존심과 비슷한 것 같으나 적용에서 차이가 있다. 사람은 자존감이 있어야 하고 자존심도 있어야 하지만, 자신을 제대로 이해하고 아는 사람은 자존감이 있는 사람이다. 잘못된 자존감이 형성되면 도움을 요청하는 것에 인색해지고, 도움을 받는 것을 체면이 깎이는 것이라고 생각한다. 반면 자존심은 타인과의 경쟁에서 생기는 감정이 되기 쉽다. 외부적 영향을 받기 십상이다.

문제는 부모가 자존감이 약하거나 잘못 형성되어 있다면 자녀를 제대로 다루지 못하고 교육도 하지 못하는 결과가 생긴다는 것이다. 그러므로 자존감 있는 자녀로 키우기 위해서는 부모가 먼저 자존감이 무엇인지 배워야 하고, 항상 자신을 제대로 이해하려는 노력부터 기울여야 한다.

자존감 낮은 부모는 자녀의 속을 살피지 않고 바깥을 먼저 살핀다. 자존감 높은 부모는 자녀의 속내를 읽으려고 노력한다. 사람이 많은 식당에서 아이가 떼를 쓰는 것은 자주 있는 일이다. 자존감 낮은 엄마는 속으로 창피함을 느낀다. 그러나 자존감 높은 엄마는 식당예절도 중요하지만 아이의 입장에서 생각하고 아이의 불편한 점을 돌보는 것도 중요하다고 본다.

이는 부부 사이에서도 마찬가지다. 아내가 다른 이와 말다툼을 하면 한국 남편들은 "창피하게 왜 그래?" 하고 대응하는 것이 일반적이다. 그러나 유대 남편이라면 아내 편을 먼저 들면서 아내에게 왜 그러는지를 반드시 물어본다. 그리고 대응법을 함께 모색한다. 자존감 교육이 부모에게 먼저 필요한 이유가 이것이다. 이런 작은 대응법이 쌓여서 자존감을 만들고, 사회생활을 하는 기본적인 태도를 배우고 가르치게 된다. 그러니 자존감 교육은 부모 자신이 먼저 받아야 올바른 자녀교육이 가능하다.

하루는 지하철을 타고 가는데 대여섯 살 정도로 보이는 아이가 엄마에게 계속해서 질문을 하고 있었다.

"엄마, 저게 뭐예요?"

"한강다리잖아."

엄마는 어린아이를 데리고 전철을 타는 것 자체가 이미 힘겨워 보였다.

"엄마, 저건 뭐예요?"

"배잖아. 엄마가 어제 가르쳐줬잖아. 배라고, 강에 떠 있는 배!"

어머니의 말투에 약간 짜증이 묻어있었다.

"근데 엄마, 왜 배는 물 위에 떠 있어요?"

이 호기심 많은 아이의 질문에 엄마가 버럭 화를 내고 말았다.

"그만 좀 물어봐. 힘들어 죽겠어."

아이가 울먹울먹하니 그제야 엄마는 아이를 달래면서 이렇게 말했다.

"엄마도 좀 쉬어야 해. 우리 그냥 조용히 가자!"

호기심 많은 이 아이는 엄마의 이런 태도 때문에 좋은 교육 기회를 박탈당했다. 물론 자신의 삶이 힘겨운데 교육이 제대로 될 수가 없을 것이다. 쉬운 일은 아니지만 그래도 미래 세대를 위해 우리가 해야 할 일이다.

자녀의 생각을 들어보라

필자의 부모 세대만 해도, 아니 필자 세대만 해도 "침묵은 금, 웅변은 은"이라는 가르침을 받았다. 불필요한 말을 내뱉는 것보다 말하지 않고 다른 사람들의 말을 귀담아듣는 것이 오히려 더 낫다는 것이다. 그러나 시대는 달라졌다.

요즘의 자녀교육은 엄마 혹은 보육기관 선생님이 맡는 식으로 자녀를 남들에게 맡겨서 키우는 사회가 되고 말았다. 정보의 홍수 속에 자녀들은 일찌감치 대화의 문을 닫고 휴대폰과 인터넷, 게임기 속에 파묻혀버렸다.

여성가족부가 최근 발표한 가족간 소통 자료를 보면 하루 평균 아버지와 대화하는 시간이 30분 미만이라는 응답자가 전체의 46.6%였다고 한다. 심지어 6.2%는 전혀 대화하지 않는다고 대답했다.

필자가 만나고 가르치는 학생들을 보면 대개 식탁에서도 휴대폰을 만지작거리기 때문에 부모와의 대화가 거의 없다고 한다. 게다가 방학 때를 제외하고는 가족이 모두 바쁘다보니 함께 식사하지 못하는 날들이 많아 하루에 10분 정도 대화하는 것도 사실상 많이 하는 편이라는 것이 학생들의 이야기다. 이런 이야기를 들을 때마다 필자는 아들과 부지런히 이야기를 나누려고 애쓴다. 가끔씩 아들 침대에 끼어들어가 이런저런 대화를 나누고 서로의 관심사를 털어놓기도 한다. 어떤 경우는 잔소리하는 엄마에게 맞서 공동전선을 펴며 연합군이 되기도 한다.

이렇게 필자가 아들과 자주 이야기를 나누려고 노력하는 데는 한가지 이유가 있다. 필자의 아버지는 가부장적 권위가 강한 사람이었다. 말을 많이 하는 것을 싫어했고, 자녀가 부모님 앞에서 자신의 의견을 펼치는 것을 건방지게 생각해서 언짢아하는 모습을 자주 드러내기도 했다. 또 아버지와 필자는 정치적으로도 견해가 달라 곧잘 언쟁이 붙곤 했다. 물론 나는 한 번도 이기지 못했다. 그러다보니 말문을 닫게 되었고, 급기야 대학을 나와 사회로 나가면서 아버지와 점점 더 멀어졌다.

철이 들어 아버지와 이야기를 하고 싶어졌을 때는 아버지가 중풍으로 쓰러져서 소통이 잘되자 않았고, 나중에는 실어증에 치매까지 겹치면서 아예 말을 나눌 수 없게 되었다. 그 일은 두고두고 필자를 괴롭게 했고, 그 결과 아들에게만은 최선을 다해 부자 간의 대화를 나눠보겠다는 굳은 결심을 하게 되었다.

그 때문에 늘 아들과 침대에 같이 누워 이런 저런 이야기도 하며 고민을 나누기도 한다. 그렇게 둘이서 밤늦게까지 이야기할 때도 있으니 이만하면 아들과 대화가 많은 편이라고 자부한다. 하지만 그렇다고 아들이 자신의 고민을 속 시원히 털어놓는 것은 아니다. 그래서 늘 아들에게 질문을 던지는 편이다. 물어봐야 어떤 생각을 하는지 알 수 있기 때문이다.

장성한 자녀들은 부모 앞에서 대화하기를 꺼려하는 것이 사실이다. 그렇다고 그만 포기할 것인가? 그럴수록 자꾸 물어보고, 말도 시키는 것이 중요하다. 젊은 유대 여성은 결혼을 앞두고 엄마와 단둘이 여행을 떠나는 것이 관례라고 한다. 이때 그동안 키워줘서 고맙다는 이야기를 한다. 대화가 없는 가정이라도 이렇게 둘이서 여행을 하면 말문이 터지고, 속내도 보여줄 수 있을 법하다. 부모가 먼저 다가가야 자녀들이 입을 열고 다가온다. 다가가지 않고 강압적으로 강요하면 결과는 불을 보듯 뻔할 것이다.

잘 먹고 잘 자라서 덩치는 장성한 자녀들이라도 속을 들여다보면 아직 여리고 어린 자녀들이 너무나 많다. 덩치와 겉모습에 속지 말자. 그 속에는 3포 시대 5포 시대를 살며 불확실성과 치열한 경쟁에 고통받는 자녀들이 수두룩하다. 어린 자녀들도 마찬가지다. 학교 수업에 학원과 과외, 입시에 치여 속이 망가지고 뭉그러진 아이들이 수두룩하다.

우리가 먼저 다가가 자녀들을 보듬고 지금부터라도 대화를 시작하자. 꼭 한 번 꺼안아주고 등을 도닥이자. 부모가 이것부터 먼저 시도해야 유대 부모를 넘어서는 자녀교육을 제대로 시작할 수 있다.

3

지식이 아닌 지혜를
배우게 한다

포도주는 새 술일 때 신포도 같은 맛이 난다. 그러나 오래 되면 오래 될수록 맛이 좋아진다.
지혜도 똑같은 것이다. 해를 거듭함에 따라 지혜는 닦여진다.
| 탈무드 |

유대 사회에 '가르침'이란 단어가 자주 사용되는 것은 성경에서
비롯된 것이다. 『구약성경』「잠언」 9장 9절을 비롯해 성경 곳곳에는
'가르침'이란 단어가 자주 나온다.

> 지혜 있는 자에게 교훈을 더하라 그가 더욱 지혜로워질 것이요
>
> 의로운 사람을 가르치라 그의 학식이 더하리라 (「잠언」 9장 9절)

유대인에게 있어서 '가르침'이란 야훼 하나님이 성도들에게, 부모
가 자녀들에게 교훈을 주는 것을 말한다. 여기서 가르침이란 단어의
원뜻은 입과 관련된 데서 비롯된 것이다. 산모가 아기에게 젖을 쉽게

물리기 위해 '갈증을 야기하다'는 의미로 쓰다가 점차 '훈련하다' '복종하다'라는 말로 전용되었다. 그 후에 다시 '헌신, 바침'이라는 의미로 쓰이는 신적 용어가 되었다. 그러니 가르침이란 말은 유대인에게 있어서 자녀들을 잘 교훈하고 다독여 하나님께 드릴 수 있도록 훈련하는 과정을 가리키는 말인 것이다.

그렇다면 유대인 엄마는 자녀들에게 무엇을 가르치는가? 유대인의 신앙은 첫째도 야훼 하나님이고, 둘째도 야훼 하나님이다. 그러니 유대인 엄마는 자녀가 어릴 적부터 야훼 하나님이 지구와 우주의 창조자라는 사실을 몸과 마음에 새겨지도록 가르친다. 특히 유대인 엄마들의 가르침 가운데 가장 돋보이는 점은 자녀에게 무작정 강요하지 않는다는 것이다.

유대인 엄마는 야훼 하나님을 가르치기 전에 먼저 자녀가 하나님이 누구인지를 묻도록 유도하고, 그 궁금증을 이용해 자신의 가르침이 잘 전달될 수 있도록 확실히 가르친다. 길을 보여주는 안내자 역할을 하되 마지막까지 길을 갈 수 있도록 안내하고 가르치는 것이다.

유대인 엄마가 가르치는 지혜의 출발점은 바로 신앙교육이고 여기서부터 참된 인성교육을 시작한다. 무엇보다 지혜로운 이 중에 가장 지혜로운 이는 야훼 하나님이라는 생각이 자녀에게 자연스레 전달되도록 가르치는 것이다.

그렇다면 '지혜'란 무엇인가? 유대 사회에서 '지혜'란 히브리어로 '호크마'다.

> 하나님을 경외하는 것이 지혜의 근본이요 거룩하신 자를 아는 것
> 이 명철이니라 (「잠언」 9장 10절)

여기서 지혜가 바로 '호크마'로, 야훼 하나님을 경외하는 것이 그 근본이다. '경외'라는 말은 두려워하고 존경한다는 의미로 쓰였다. 야훼 하나님은 유대인들에게 그런 존재다. 그래서 지혜라는 말을 유대인들이 쓸 때는 총명, 지식, 사물의 도리나 이치를 깨달음 등으로 쓰이지만 그 모든 것은 신적 용어와 깊이 관련되어 있어 '하나님과의 올바른 관계에서 나오는 삶의 모든 것'이라고 표현된다.

그러므로 유대인 엄마가 지혜를 가르칠 때는 철저하게 신적 용어와 결부시켜 가르친다. 이것은 선택이라는 의미로 활용되어 자녀들에게 아주 구체적으로 쓰인다.

예컨대 지혜로운 자는 의로운 자, 경외하는 자, 순종하는 자, 믿음을 지키는 자, 사리 분별을 잘하는 자, 함부로 입을 떠벌리지 않는 자, 좁은 길로 들어서길 원하는 자, 구원을 얻는 자의 의미로 대체된다. 이 길은 걸어가기에 쉽지 않으나 반드시 가야 할 길이고, 그 길은 야훼 하나님이 축복하는 길이다.

반대로 지혜롭지 못한 자는 불의한 자, 거만하고 교만한 자, 불순종하는 자, 믿음이 없는 자, 사리 분별이 잘 안 되는 자, 입을 함부로 떠벌리는 자, 넓은 길로 들어가려는 자, 구원을 놓치는 자 등으로 정리된다.

이분법적 구도를 사물에 적용해 가르치므로, 해서는 안 될 일과 해야 할 일이 명확하게 구분된다. 그 기준은 신적 권위와 같이 여기는 성경에서 비롯된다. 우리는 이런 구분에 명확하지 않다. 적용이 쉽지 않고, 명확하게 분별하기 어려운 부분이 많기 때문이다. 그러나 유대인 엄마는 이를 명확하게 구분해 가르친다.

구체적으로 말하자면 이런 식이다. 학교에서 돌아오다가 손지갑 하나를 주웠다. 그래서 잠시 생각해보고 경찰서로 가져다주었다. 선한 일인가? 잘못한 일인가? 유대인 엄마는 이렇게 말할 것이다.

"왜 그때 잠시 생각해보았니? 무엇을 생각하고 무엇을 했니?"

"저, 괜히 주웠다가 구설수에 오를까 염려되기도 하고 또 얼마나 들어있는지 궁금하기도 해서 열어보았다가 얼른 경찰서에 갖다주었습니다."

"망설인 것, 특히 얼마나 들었는지 궁금해 한 것이 잘못이고 세어본 것은 더 잘못이다. 동기가 옳지 않기 때문이다. 네 것도 아닌데 왜 관심을 가지니? 하나님이 그것을 기뻐하시겠니? 그 동기가 좋으면 하나님이 기뻐하실 것이고, 그렇지 않다면 싫어하실 것이다. 어쨌든 무조건 주웠으면 경찰서로 가는 것이 맞는 일이다. 잠시 망설였지만 갖다줬으니 그건 잘한 일이다."

이렇듯이 명쾌하게 신적 기준으로 정리해주니 자녀들이 올바른 판단을 하게 되는 것이다. 이것이 유대인 엄마의 지혜다. 그리고 그 지혜는 하나님의 말씀이 담긴 성경, 특히 모세오경을 근거로 한다.

이스라엘아 들어라 우리 하나님 여호와는 오직 유일한 여호와이

시니

너는 마음을 다하고 뜻을 다하고 힘을 다하여 네 하나님 여호와를

사랑하라

오늘 내가 네게 명하는 이 말씀을 너는 마음에 새기고

네 자녀에게 부지런히 가르치며 집에 앉았을 때에든지 길을 갈 때에

든지 누워 있을 때에든지 일어날 때에든지 이 말씀을 강론할 것이며

너는 또 그것을 네 손목에 매어 기호를 삼으며 네 미간에 붙여 표

로 삼고

또 네 집 문설주와 바깥문에 기록할지니라 (「신명기」 6장 4~9절)

모든 판단의 기준이 되는 성경을 언제 어디서든 반드시 매일 읽어야 한다는 말이다. '이스라엘아 들으라'라는 말을 히브리어로 쉐마Shema라 부른다. 쉐마는 유대 부모들이 가르치는 신앙교육의 핵심이다. 집에 있든지, 길을 가든지 간에 말씀을 읽으라는 것이다. 누웠든, 일어섰든 간에 상관없이 토라torah를 읽고, 손목에도 매고, 미간에도 붙이라는 것이다. 이마 앞에 성경, 즉 토라를 매달아 읽으라는 이 말씀을 실천에 옮기는 유대인들도 다수 있어서 전통 유대인 복장의 이마 부분에 여러 가지 모양을 달고 있는 모습을 지금도 볼 수 있다.

● 토라는 모세오경인 「창세기」, 「출애굽기」, 「레위기」, 「민수기」, 「신명기」, 이 다섯 권의 책을 가리키는 말이다. 그러나 좀더 넓은 의미에서 구약성경 말씀 전체를 가리키기도 한다. 이 책에서는 구약 전체를 가리키는 말로 사용했다.

자녀 앞에서 선생님을 욕하지 않는다

『탈무드』에는 자신을 가르치는 스승을 절대 욕하지 않는 것을 명시하고 있다. 유대인의 스승은 '랍비'다. 랍비는 정신적인 스승이며 영적인 아버지의 역할을 한다.

원래 랍비는 '나의 선생님' '나의 주인님'(「요한복음」 9장 2절)이라는 뜻의 히브리어에서 나온 말이다. 이 용어는 서기 1세기에 이르러 보편화되었다고 한다. 랍비가 될 사람은 『구약성경』과 『탈무드』에 대한 연구과정을 거쳐야 하고, 교육자로서 다양하고 총체적인 과목들을 이수하고 훈련한 자들이 랍비가 될 자격을 부여받는다.

랍비는 주로 유대교 행사와 예배를 주관하고, 관내 교육활동에 참여하며 상담한다. 14세기 이후에 랍비들에게 봉급이 지급되었다. 랍비란 『구약성경』에 나오는 야훼 하나님의 가르침을 전하고 율법을 지키는 유대교의 사제이며, 율법 교사나 서기관 등 종교 지도자를 비롯해 학식이 많은 스승이나 존경받는 사람을 일컫는 경칭이었으나 지금은 유대교 사제에게만 한정되어 사용한다. 랍비들은 회당에 나가 예배드릴 때 모든 행사를 주관하고 일상의 멘토 역할을 수행해왔다.

유대교 지역민들은 랍비의 모든 이야기에 귀를 기울이며, 현대의 젊은이들조차 랍비에게는 전적으로 복종하도록 가르쳐 왔다. 오랫동안 사회적 관습으로 굳어진 이 존경의 전통은 스승을 부모 이상의 가치로 자리매김해 있어야 함을 후대에 가르치고 있다.

한국의 부모들은 자녀들에게 무엇을 가르치고 있는가? 혹시 돈만 많이 벌면 된다고 가르치는 것은 아닌가? 담임 선생님을 욕하고, 교장·교감 선생님을 부모가 함부로 비난하지는 않는가?

학생 인권이 강조되다 보니 요즘 곳곳에서 학생들이 교사를 우습게 보고 교권 침해를 하는 풍경이 보인다. 학부모가 교사의 머리채를 잡고 자녀 앞에서 교사를 마구 비판하는 환경 속에서 아이들이 올바로 크기를 바라지 말라. 부모가 못하는데 자녀가 잘하기를 기대하는 것은 어불성설이다.

우리나라도 예전에는 스승은 부모라고 하며 스승을 공경해온 전통이 있었지만 언제부터인가 이 전통이 사라져버렸다. 이와 달리 유대인은 무척이나 거추장스러워 보이지만 스승에 대한 작은 예절조차 귀중히 여긴다. 그래서 유대인 엄마들은 가르치는 형식, 배우는 형식 모두를 귀중하게 여긴다. 그 결과 제대로 된 자녀교육 시스템이 형성되어 온 것이다.

유대 사회에서 랍비가 어떻게 추앙 받아왔는지를 보면 스승에 대한 유대인의 존경과 사랑이 얼마나 큰지 깨닫게 된다. 랍비는 유대 공동체에서 오랜 세월 동안 한 자녀의 멘토로, 한 가정의 상담사로, 나아가 공동체의 어른으로 대접받아왔다. 정서상으로 튼튼히 연결되어 있어 랍비의 가르침이 실제 자녀들에게 깊은 영향을 미치고, 궂은 일이나 좋은 일을 늘 함께 하는 멘토로 자리잡은 것이다.

4

침대에서 토라를
들려준다

토라를 읽어주는 부모가 돈이나 선물로 환심을 사는 어머니보다 훨씬 뛰어나다.
| 유대 격언 |

요즘 한국에서도 자녀가 잠자리에 들기 전에 엄마가 책을 읽어주는 모습을 자주 보게 된다. 참 좋은 일이다. 동화책이든 그림책이든 성경이든 간에 앞으로 컬러TV와 3D게임 시대를 살아갈 아이들에게 생각의 여유를 주고 상상의 나래를 펴게 해준다는 점에서 참으로 권장할 일이기도 하다.

잠들기 전에 아이에게 책을 읽어주는 것은 유대 사회의 오래된 가족 전통이다. 갑자기 해보자고 한두 번 하는 것이 아니라 오랫동안 이어져 내려온 아름다운 민족의 전통인 것이다.

유대인 엄마들은 침대 맡에서 자녀들에게 모세오경을 읽어주며 조곤조곤 내용을 알 수 있게 해설까지 붙여 들려준다.

어른들도 이해하기 어려운 성경을 아직 말도 못하는 자녀들에게 읽어주는 전통은 지금의 유대인을 만든 훌륭한 전통이다. 유대인 부모들은 이 일을 수천 년 동안 계속해왔다.

책을 읽어주면 자녀들은 안정과 기쁨을 누릴 수 있고 나아가 숙면을 취할 수 있다. 유대 부모들도 우리나라 부모처럼 다 바쁜 사람들이다. 그럼에도 이 전통을 스스로 그만두지 않는 것은 그만큼 좋은 결과를 빚어내고 있기 때문이다.

우리나라도 점점 맞벌이를 하는 가정이 많아지면서 아직 어린 자녀를 어린이집이나 보모에게 맡겨두고 일을 나가는 부모가 적지 않다. 이런 가정일수록 부모의 독서교육이 더욱 중요하다.

잠들기 전의 독서야말로 유대인 가정뿐 아니라 우리 가정에도 꼭 필요한 자녀교육 방법이다. 유치원과 초등학교 저학년에 들어가서도 이 습관을 붙여두면 자녀들의 인성을 키우는 데 큰 도움을 받을 수 있다.

유대 부모들이 토라에서 즐겨 읽어주는 부분은 요셉 이야기와 모세의 이집트 탈출기, 여호수아의 가나안 정복기 등이다. 유대인 위인들이 펼쳤던 위대한 업적을 들려주고 그들이 하나님을 얼마나 제대로 섬겼는지, 또 배신했을 때는 얼마나 큰 벌을 받았는지를 가르쳐준다.

매일 이런 독서 시간을 2살 때부터 10살 때까지 가진다고 가정해보자. 9년간 매일 30분만 자녀들에게 투자한다면 1천 시간이 훨씬 넘는 어마어마한 시간을 자녀들과 함께 대화하며 참된 교육을 나눌 수 있다. 그 소중한 시간에 아이들을 내버려둔다면 휴대폰으로 인터넷을 즐기거나 게임에 빠질 확률이 90%는 넘을 것이다.

유대 부모 대부분은 이런 것을 용납하지 않는다. 정통 유대인들은 닌텐도 같은 게임기나 오락기, TV, 휴대폰은 아예 집에 들여놓지 않는다. 유대인 자녀들은 어릴 때부터 부모에게 훈련을 받았기 때문에 청년이 되고 어른이 되어도 휴대폰 중독에 빠지는 일이 별로 없다. 유대 자녀가 어른이 되어 아이를 낳아 잠들기 전 책을 읽어주고 들려주는 것이 그대로 이어지며, 자연스레 가문과 유대교의 전통을 이어가게 되는 것이다.

유대인 엄마들은 구체적으로 어떤 방법으로 자녀들 머리맡에서 책을 읽어줄까? 그냥 책을 읽어주는 것이 아니라 부모로부터 교육받고 훈련받은 대로 읽어준다. 유대인들이 공통적으로 밝히는 책읽기 방법은 '천천히' '또박또박' '문장을 짧게 끊어서' 읽어주기다. 절대 문장을 길게 읽지 않고 강약을 주며 마침표와 쉼표를 정확하게 구사해 읽는다. 이스라엘에선 책 읽기가 서툰 부모를 위해 자녀들 책 읽어주는 강좌가 심심찮게 열리고, 백화점이나 학습센터에서 책 읽기를 교육하는 학습서들을 자주 볼 수 있다. 이들이 읽어주는 책은 주로 토라이고, 토라를 기본으로 한 동화책이나 그림책인 경우가 많다. 때때로 성경을 기반으로 한 구연동화책도 사용한다.

그런데 여기서 끝이 아니라 때때로 질문하고 답변을 들어가며 읽어준다. 이른바 하브루타 교육법이다. 엄마와 자녀가 짝이 되어 서로를 이해시키려는 듯 책을 읽어주는 것이다. 책읽는 시간은 15분이나

30분 정도로 서로 다르지만 학습 효과는 남다르다.

우선 정서적으로 풍성해진다. 머리맡 책 읽기는 학습능력 향상은 물론이고 인성과 사회성까지 길러주는 최고의 교육법이다. 또한 부모와 아이의 사랑을 확인하는 가장 좋은 방법이고, 친밀감을 키우는 데 큰 도움이 된다. 나아가 자녀가 평생 읽고 배워야 할 독서습관의 기초를 만들어준다는 점에서 최고의 육아법이라고 할 만하다. 또한 아이의 단어능력 어휘능력이 향상되고, 이해력이 향상된다.

우리말의 경우 한자어가 많아서 책 읽기를 통해 한자어 교육과 학습이 선행된다. 중고등 학생들이 가진 학습 부진의 중요한 요인 중 하나가 단어의 의미를 이해하지 못한다는 것이다. 보통 초중고까지 익혀야 할 학습 어휘가 5천 개 정도 된다. 어릴 때 이런 책읽기 습관을 통해 모르는 단어를 부모가 이해시켜 준다면 어휘 학습 능력이 크게 향상될 것이 분명하다.

부모가 책을 많이 읽어줄수록 자녀의 읽기 능력이 향상된다. 듣기와 이해하기 다음에 읽기와 해석하기 능력이 따르는 것이다. 궁극적으로는 책 읽는 즐거움을 익힌다는 장점도 얻게 된다.

"어른이 그들 자손과 사회에 줄 수 있는 가장 큰 선물은 아이들에게 책을 읽어주는 것이다." 『코스모스Cosmos』 저자 칼 세이건Carl Sagan의 말을 빌리자면 우리 부모가 자녀에게 해줄 수 있는 가장 큰 선물은 책 읽기다.

결과보다 과정의
중요성을 가르친다

아무리 좋은 결과도 과정이 나쁘면 칭찬받지 못한다
| 유대속담 |

유대인 엄마들은 어릴 적부터 자녀들에게 장보기나 때로는 제법
먼 거리에 살고있는 친지로 심부름을 시킨다. 그리고 돌아온 자녀에
게 꼭 물어본다.

"이걸 사러 어떻게 다녀온 거니?"

"왜 그 길로 갔어?"

"거스름돈을 어디에 넣고 왔니?"

"너는 이번 심부름에서 가장 힘들었다고 생각하는 것이 뭐니?"

이 정도 되면 꼬치꼬치 캐묻는다고 여길 법하다. 그러나 이 질문들
은 유대인 엄마들에게 일상이다. 유대인 엄마들은 동기 부여와 과정
을 중요시한다. 왜 그렇게 생각했는지, 왜 그런 선택을 했는지를 물

어봐야 자녀의 생각과 행동 패턴을 알 수 있기 때문이다.

이에 반해 한국 아이들은 공부에 많은 시간을 투자하지만 사실 공부의 과정과 동기에 대한 교육을 받지 못한다. 공부의 과정과 동기가 없기 때문에 많은 시간동안 공부만 해야 세계와 경쟁할 수 있다.

교육 통계를 보면 한국 학생들은 시간당 성적이 가장 안 나오는 집단으로 평가 받는다. 왜 그럴까? 공부를 왜 해야 하는지 목표도 설정되지 않고, 가르치지도 않으니 왜 공부를 이렇게 열심히 해야 하는지 도통 알 수가 없고 깨달음도 없는 것이다. 그러니 사교육에 엄청난 투자를 하고도 모자르다고 생각하며 불안해서 또 다른 방법을 찾는 것이 한국 엄마들이다.

그러나 유대인 엄마들은 자녀들이 생각하도록 가르치고, 왜 그렇게 해야 하는지 목표와 동기를 분명하게 가르친다. 자녀가 커서 대학에 들어갈지 말지와 군 입대까지 자신이 시기를 먼저 선택하도록 도와주는 것이다. 결정장애는 유대 자녀들에게서 발견하기 어렵다. 그들은 자기주장이 강하다 못해 오히려 당돌하고 저돌적이기도 하며, 조금 뻔뻔스럽기까지 하다. 이것이 한국 자녀들과 크게 다른 점이다.

최근 대학 서열화는 우리 사회의 가장 큰 문제로 다가오고 있다. 대학을 입학하는 순간, 사회 진출의 서열화가 매겨진다. 성공과 실패의 결과가 대학입시로 좌우되어 금수저, 흙수저로 구분되어 버리는 현실은 너무나 기막히다. 이런 사회일수록 부모가 진로 지도에 특별한 신경을 써야 한다.

나이는 청년층이고 다 큰 덩치로 어른이 된 듯해도 우리 대학생 자녀들은 진로 설정이라는 면에서 아직 어린아이와 다르지 않다. 진지하게 고민도 못해보고 친구랑 의논해 진로를 결정하는 아이들이 너무 많다. 왜 그래야 하는지 묻고 또 묻고 정답을 찾아가도록 훈련받지 않아서 우리나라 대학생 자녀들에게 특별한 교육이 필요한데, 사회도 가정도 포기한 상태가 되었다.

유대 사회의 질문력을 소중히 생각하는 필자로서는 정말 안타깝기 그지없다. 이제라도 부모 자식 간에 진지한 토론과 대화, 소통이 필요하다. 과정은 결과를 좋게 만들기 위한 절차다. 과정을 소홀히 하고 동기도 불분명하면 미래가 불투명한 자녀를 만든다.

앞서 유대 사회를 건강하게 하는 중요한 요인은 질문력이라고 소개했다. 하브루타의 힘은 질문의 힘이다. 그러기 위해서는 정확한 목표와 과정에 대한 교육이 필요하다. 이른바 소통이다. 부모 자식의 소통은 교사와 학생 간의 소통 이상으로 중요하다. 그래서 유대 부모는 왜 그렇게 진로를 정하는지, 왜 그런 생각을 했는지 등 과정과 동기와 목표에 대해 끊임없이 소통하고 질문하며 결론을 내릴 수 있도록 가르친다.

심지어 유대 부모들은 목표가 불분명하면 대학 진학을 포기하도록 가르친다. 이 점이 우리와 가장 다르다. 한국 사회는 부모가 밀어붙여서 대학까지 보내는 경우가 적지 않다. 그래서 대학에서 3~4학년 강의를 맡고 있는 필자는 깜짝깜짝 놀라는 일이 많은 편이다. 대학 3~4년을 공부하고도 자신이 무엇을 해야 할지를 전혀 생각해보지 않고 공부하는 학생들이 수두룩하기 때문이다.

필자는 늘 수업 전에 자기소개서를 쓰도록 요구하고 1분 스피치를 통해 자신을 소개하도록 가르치는데, 우물쭈물 자신을 소개하지 못하는 학생들이 많다. 자신을 모르고 자신의 목표도 불분명한데 어머니나 아버지랑 이야기를 해보았는지 물어보면 "알아서 하라고 해요"라고 대답하는 이들도 적지 않다. 대화의 창이 끊어져 있다고 느낄 정도다.

유대 사회에선 다르다. 부모 자식 간에 서로 믿고 물어보고 또 물어보는 질문의 힘은 자녀를 튼튼하고 실력 있게 키우는 방법이다. 이런 면에서 유대인들은 세계 최강이라는 칭찬을 받아도 부족하지 않다. 예수 그리스도 역시 유대인이었다. 그분도 늘 물었다.

사람들이 나를(인자를) 누구라 하느냐? (「마태복음」 16장 13절)

너희는 나를 누구라 하느냐? (「마태복음」 16장 15절)

예수께서 이르시되 무엇을 원하느냐? (「마태복음」 20장 21절)

예수님의 제자인 마태의 직업은 유대인이 가장 싫어하는 직업인 세금을 거두는 세금징수원, 세리였다. 하지만 마태는 예수님의 부름을 받아 예수님을 잘 따르는 제자가 되었다. 그리고 예수님이 돌아가신 지 30년이 더 지난 후인 서기 70년 이전에 예수님의 행적을 「마태복음」으로 펴냈다.

「마태복음」은 예수님이 계속해서 유대인들에게 질문을 던지는 모습을 보여주고 있다. 예수님은 질문을 하면서 자신이 가르치고 싶은 의도를 드러내셨고, 문답하는 와중에 대중이 이를 듣고 깨닫기를 바랐다. 이것은 전형적인 유대 랍비식 교육 방법이다.

이처럼 유대 사회는 질문력, 즉 질문의 힘이 지배한다. 유대 부모들은 자녀에게 묻기를 멈추지 않는다. 그러니 대화가 끊어질래야 끊어질 수가 없는 것이다. 유대 성공의 비결은 바로 이 같은 질문력에 있다.

우리나라 학생들이 유학을 나가면 제일 골머리를 앓는 것이 바로 에세이 작성이라고 한다. 논문을 쓰면서 교수와 질문을 주고받고 토론하는 데 익숙하지 못해 유럽에 나간 유학생들의 대부분 어려움을 겪는다는 것이다.

우리나라 부모는 지식과 정보를 암기하는 데 많은 시간을 투자한다. 그러나 유대인 엄마는 질문하는 데 많은 시간을 쓴다. 질문을 가르치면 질문하고 나서 더 잘 들으려고 애쓰게 된다고 생각하기 때문이다. 많이 물어보고 많이 토론하는 방법에 익숙한 유대 자녀들은 서구 사회에서 유능한 인재로 인정받는다. 세계적인 500대 기업의 종사자들을 조사한 결과를 보면 유대인은 우수한 취업률을 나타내는데, 우리는 아쉽게도 바닥권이다.

질문력의 차이가 이런 결과를 낳는 것이다. 유대인 엄마들의 따지고 드는 질문 습관이 이 차이를 만들어온 것이다. 우리는 물고기를 자녀들에게 사 주고 싶어하고, 유대 부모는 낚시 방법을 가르쳐주는 차이가 바로 두 국가와 민족의 차이다.

6

분별력과 절제력을
갖게 한다

유대 부모는 2가지 약을 먹어야 한다. 한 가지는 분별력.
또 한 가지는 하고 싶어도 참을 줄 아는 절제력이다.
| 유대 속담 |

토라를 보면 자녀들은 하나님이 주신 선물이라는 말이 나온다. 그
래서 유대인 엄마는 자신의 자녀들을 한 가지의 똑같은 방식으로 가
르치려 하지 않는다. 자녀들이 저마다 생김새가 다르듯이 성격도 특
성도 저마다 제각기이기 때문이다. 야곱(이스라엘)의 12명의 아들이
저마다 다른 특질을 타고 태어났듯이 자녀란 타고난 개성으로 무장
한 아름다운 영혼들이다.

유대인 엄마는 각각의 자녀들에게 맞게 해야 할 것과 하지 말아야
할 것의 구분을 명확히 가르친다. 이것이 유대인들의 첫 번째 교육방
법으로 맞춤학습법이다. 물론 계명을 어기는 모든 악한 행위들은 공
통적으로 금지된다.

자녀의 특성에 맞게 가르치고 배우게 하라

맞춤학습법이란 성경에 나오는 성경 위인들의 삶의 방식에 맞춰하는 학습방법이다. 예를 들어 이삭은 조용한 성품의 사람이었다. 이삭은 항상 들에 나가 자연을 바라보고 감사하며 묵상을 즐기는 타입이었다. 이런 사람에게 활동적이고 진취적인 교육은 맞지 않는다. 이삭 같은 사람에게는 생각하고 묵상하며 곰곰이 분석해가는 방식으로 가르쳐야 한다.

이삭의 두 쌍둥이 아들, 에서와 야곱은 더욱 다르다. 형인 에서는 진취적 기상과 공격적인 성향을 가지고 태어났다. 그는 선이 굵고 대범해서 웬만한 자잘한 문제에는 끄덕도 하지 않을 정도로 배짱이 좋다. 사냥을 좋아하는 에서는 남들 보기에 사내답고 박력이 넘치는 등 세상의 많은 여성이 좋아할만한 매력을 가졌다.

반면 동생 야곱은 여성적인 성격이고 소심하며 꼼꼼하다. 어릴 적부터 엄마를 도와 집안일하는 것을 좋아했다. 또한 그는 말솜씨가 뛰어나 상대를 교묘하게 설득하고 집요하게 공략할 줄도 알았다. 야곱은 세상의 많은 여성으로부터 사랑을 받진 못하지만 좋아하는 여성에게는 최선을 다할 줄 아는 준수한 청년이다.

이삭은 두 아들을 분리해 교육했다. 그래서 에서는 사냥꾼답게, 외향적인 성격답게 밖으로 돌아다니며 세상물정을 배우게 했다. 그리하여 에서는 훗날 에돔 족속의 원조가 되었다.

그리고 동생 야곱에게는 가정을 이끌어 나가는 데 필요한 가사일과 가계 운영을 가르쳤다. 야곱은 가업을 잇는 일과 기업경영에 소질이 있었다. 그 결과 야곱은 훗날 70명에 이르는 대식솔을 거느리고 흉년의 이스라엘을 벗어나 이집트에 가서 자손을 퍼트리는 역할을 해낸다.

토라를 보면 성경의 부모들은 자녀가 자신들에게 주어진 소명을 잘 감당하기를 바라고 기대한다. 여기서 중요한 것은 성격이나 지적 관심사 또는 직업적 관심사 등 모든 면에서 자녀는 부모와 다르다는 사실이다. 즉 아이가 자신을 닮길 무조건적으로 원하기보다는 자녀에게 적합한 맞춤교육을 제대로 실시하는 것이 훨씬 중요하다.

「잠언」 22장 6절은 "마땅히 행할 길을 아이에게 가르치라"라고 말한다. 그렇다. 유대인 엄마는 이 말씀을 마음에 담아 자녀 모두가 똑같이 사랑받을 자격이 있다는 것을 믿으며 자녀들을 똑같이 다루지 않고 특별하게 다루는 것이다. 자녀의 특성에 맞게 아이를 가르치는 일은 다름과 틀림의 구분을 분명히 해주는 데서부터 시작된다는 것을 잊지 말아야 한다.

친구를 가려 사귀게 하라

유대인 엄마는 자녀가 친구들을 사귈 때도 이 맞춤학습법을 이용하도록 권하고 있다. 가릴 친구와 가리지 않아도 될 친구를 구분하라는 것이다. 『탈무드』에 이런 이야기가 있다.

친구 중에는 3가지 종류가 있다.

첫째, 음식물과 같은 존재의 친구로, 매일 먹는 음식처럼 삶에 빠질 수 없는 존재다. 매일 만나도 서로를 위해 도움이 된다.

둘째, 약과 같은 존재의 친구다. 때때로 필요하므로 버릴 수는 없는 존재다.

셋째, 질병과 같은 존재의 친구다. 도무지 필요가 없어 만나지 않는 것이 낫다.

즉 친구를 가려 사귀라는 말이다. 좋은 친구는 양약처럼 유익하고 나쁜 친구는 가까이하면 손해라는 것을 『탈무드』는 전통적인 가르침과 예화로 전달해왔다. 또 유대인 엄마는 자녀들에게 이렇게 가르쳐왔다.

- 네 친구와 네 아비의 친구를 버리지 말며 네 환난 날에 형제의 집에 들어가지 말라. 가까운 이웃이 먼 형제보다 낫다.
- 많은 친구를 얻는 자는 해를 당하게 되거니와 어떤 친구는 형제보다 친밀하다.
- 둘이서 싸움이 날 때 타협을 하는 자는 인격이 높은 사람이다.
- 친구에게 돈을 빌려주면 우정을 잃기 쉽다.
- 친구에게 돈을 빌려주지 않으면 친구를 잃기 쉽다.
- 입을 다물고 있는 친구가, 입을 벌려 남의 말을 잘하는 친구보다 낫다.

• 거짓말을 잘하는 친구와 도적질을 하는 친구 둘 중에 누가 나은가? 그나마 도적질하는 이가 낫다. 거짓말하는 친구는 평생 옆에서 거짓말을 하지만 도적질하는 친구는 한 번 훔쳐가면 다시는 가까이 오지 않기 때문이다.

친구를 가려 사귀도록 가르치는 유대 부모를 보며 자신을 되돌아본다. 아들의 친구 이름을 몇 명이나 알고 있는가? 아들에게 어떤 맞춤학습법을 제시하고 있는가?

"좋은 친구는 양약보다 낫다" "친구 따라 강남 간다" 이런 말들이 있을 정도로 친구는 인생의 방향을 정하는 데 큰 영향을 미친다. 「잠언」 27장 6절에 "친구의 아픈 책망은 충직으로 말미암는 것이나 원수의 잦은 입맞춤은 거짓에서 난 것이니라"라는 말이 있다. 좋은 충고를 해줄 수 있는 친구를 사귀도록 가르치는 것은 부모의 책무이자 의무다.

7

다름과 틀림의 차이를
깨닫게 한다

지혜로운 사람은 다른 것과 틀린 것의 차이를 아는 사람이다.
| 유대 속담 |

　유대인 엄마는 늘 생각한다. '내 자녀가 어떻게 하면 신앙적으로 바른 길을 걸어갈 수 있을까' 하고 말이다. 그러면서 옳고 그른 것의 차이와 다르고 틀린 것의 차이를 가르친다.

　히브리어(유대인 민족어)로 '하타'라는 말은 '죄'를 뜻한다. 원래 이 말은 '과녁을 벗어나다'라는 의미로 사용되었으나 '중앙에서 멀어지다' '본질에서 벗어나다' '틀리게 되다'처럼 그 의미가 바뀌었다. 유대인들에게 있어 죄란 곧 과녁을 벗어난 것이며 야훼 하나님의 명령을 벗어난 것이다. 여기서 과녁은 야훼 하나님의 명령이고 율법이며 토라의 진정한 생명이 있는 말씀이다.

　그래서 유대인에게 틀린 것은 곧 죄악을 의미하니 하타는 이들에게 대단히 민감한 사안이다. 예를 들어 안식일을 범하는 것은 하타가 되고 틀린 것이 된다. 지켜야 할 것을 지키지 않았으니 이는 죄악이다. 예수님이 안식일에 병자를 고치고 시각장애인을 눈뜨게 한 것을 보고 수많은 유대인 지도자가 분노하고 개탄한 것을 주목하라. 그들은 안식일을 범하는 것을 가장 큰 죄악으로 여겼다.

예수님은 이런 유대인들의 형식주의적인 신앙을 비난했다. 하지만 유대인들은 형식주의자들이라는 비판을 받을지언정 죄가 되는 부분이나 죄를 유인하는 유혹에 근접하지 않기 위해 애를 쓰는 민족이다.

유대인 엄마들은 가정에서 늘 틀린 것과 다른 것을 자녀들에게 엄격하게 구분시킨다. 자식들에게 틀린 것은 바로잡도록 가르치고, 다른 것은 그대로 인정하도록 가르친다. 남과 다르다는 것을 인정한다는 의미는 뛰어나거나 차별화하는 의미가 아니라 각기 자기 개성을 갖고 살도록 받아들임을 의미하는 말이다.

유대 가정에서 실제로 전통적으로 가르쳐온 예화들이 있다.

> 어떤 마을에 돈 많은 부자가 살고 있었는데 늘 자신이 돋보이는 역할을 하려고 애를 썼다. 그래서 친구가 밥을 먹고 온 것을 알면서도 같이 먹자고 강요하고, 회당에 들어가면 꼭 뒷자리에 앉아 자신이 겸손하다는 것을 남들이 알아봐주기를 기대했다.

유대인 부모는 『탈무드』에서 이 이야기를 가져와서 청소년인 자녀에게 물어보곤 한다.

"이 부자의 행위가 틀린 것이냐, 다른 것이냐?"

"잘난 척하려는 것이니 틀린 것입니다."

"그래? 남들에게 겸손하게 보이려는 것과 남을 대접하는 것이 왜 틀리느냐?"

"잘 모르겠습니다."

"이 부자의 겉마음은 남들을 섬기려는 것이고, 속마음은 자신의 명예를 지키려는 것이다. 그러니 밥을 먹고 온 손님에게 밥을 강요하는 것은 그가 어차피 먹지 않을 것을 알면서도 권하는 것이므로 옳지 않은 일이고 틀린 일이다. 그러면 또 다른 부자도 앞의 사람과 크게 다르지 않은데, 다만 다른 것은 밥은 가급적 혼자 먹고 회당에 들어가면 맨 앞자리에 앉는 것이다. 또 구제할 일이 있어도 일부러 나서지 않고 사람들 앞에 나서는 일보다 뒤로 물러나길 원하는 사람이다. 자, 그럼 이 사람은 어떠냐?"

"그 사람도 틀렸습니다. 밥도 나누어먹지 않고 구제할 때는 물러서기 때문입니다."

"아니다. 이 부자는 겉과 속이 같은 사람이다. 앞의 부자보다 인색하지만 그의 겉모습이나 속모습은 같아서 결코 가식적이지 않다. 오히려 이런 사람이 살아가면서 죄를 덜 짓는 사람이라고 말할 수 있다."

"그건 정말 어렵습니다. 어머니. 그래도 남을 위해 사는 사람이 더 나은 사람이 아닐까요?"

"아니다. 우리는 야훼 하나님의 창조물이다. 야훼 하나님가 보실 때 속은 인색해도 겉은 구제하는 데 열심인 척하는 가식적인 모습은 결코 기뻐하지 않으실 것이기 때문이다."

"네, 이제 조금 알 것 같습니다."

바로 이것이 『탈무드』식 가르침이다. 여기서 다르다는 것은 남들과 같지 않은 일이지 맞고 틀린 것은 아니라는 것이다.

공동체 가치를 지키게 하라

유대인 사회를 전적인 모계사회라고 말하기에는 부담이 있다. 하지만 유대인(이스라엘인)이 되기 위한 조건은 엄마가 반드시 유대인이어야 한다는 것이다.

유대 아버지는 가부장적 존재들이다. 그리고 가정에서의 교육도 철저하게 아버지가 도맡고 있다. 하지만 안식일 준비부터 명절맞이, 축제, 결혼, 피로연 등 거의 모든 행사에 아내가 주도권을 가지고 진행하도록 허용하고 있다.

언뜻 보면 유대 사회는 철저한 남성중심사회로 비친다. 하지만 유대인 엄마들은 공동체에서 어머니 중심의 사회적 특성을 유지해 유대인의 동질성을 유지토록 하는 데 최선을 다한다. 유대인들은 왜, 언제부터 모계사회의 특성을 가지게 된 것일까?

유대인은 2천 년이 훨씬 넘는 기간 동안 팔레스타인이 아닌 타국에서 방랑하며 살다보니 유대인들의 피는 타민족의 피와 섞이는 경우가 많았다. 팔레스타인에서 가까운 이집트로 이주한 유대인은 당연히 이집트인의 피가 섞이게 되었고, 유럽으로 이주한 이들은 유럽인의 피가 섞이게 되었다.

심지어 중국에도 유대인이 있었다. 16세기 말엽부터 17세기 초에 명나라에 정착해 선교활동을 했던 이탈리아의 마테오 리치^{Matteo Ricci}는 카이펑(개봉, 송나라 수도)에서 유대인을 만났다고 기록을 남겼다. 실제 기록에 따르면 유대인 사회 군집 및 유대교 회당이 카이펑에 존재했으며, 최소 9세기 후반부터 살아 송나라 때 제법 많은 군중을 이루었다고 한다. 1987년 초 통계로는 카이펑시에 유대인 후예들이 66호(戶), 159명이 남아있다는 기록도 있었다. 이 경우도 엄마가 유대인 혈통인지 아닌지를 중요하게 따졌다.

이처럼 유대 부모들은 핏줄을 대단히 중요시해 세계 어느 곳에 가서도 문화적 동질성을 잃지 않도록 교육받았다. 또 모계로 유대 핏줄을 지켜왔기에 범신론적 사상이 지배적인 중국 같은 사회에서도 유대인의 유일신 신앙을 거의 근세기까지 지켜올 수 있었던 것이다.

'유대인의 핏줄이 정말 유대인다운가'라는 의문을 표하는 이들도 있지만 그것은 쓸데없는 질문일 뿐이다. 유대인의 관습상 유대인과 비유대인의 차이는 외모나 피부의 문제가 아니라 '엄마가 유대인이냐 아니냐'로 구분되기 때문이다. 그래서 비백인계통의 유대인도 상당하다. 인도계·아프리카계는 피부색도 다르지만 유대인으로 산다. 앞서 말한 중국 카이펑의 유대인은 거의 중국에 동화되어 유대인의 관습을 많이 잊어버렸는데 본국에서는 이들을 유대인으로 인정하지 않기도 하지만 사실상 유대인이다.

탄압과 전란을 피해 미국으로 건너간 미국계 유대인들도 있는데 이들은 대부분 아슈케나지 계통으로 분류되고 흩어져 살아와 유대인의 주축으로 성장해 왔다. 특히 아슈케나지 혈통은 유대 혈통 가운데 가장 많은 비율을 차지한다고 한다. 성경적으로는 노아의 아들 야벳의 자손 중 고멜의 후예를 말한다고 한다(「창세기」 10장 3절, 「역대상」 1장 6절). 지금의 아르메니아와 메소포타미아 북부에 모여 살던 이들은 커다란 왕국을 이루며, 바벨로니아를 공격하기도 했다(「예레미야서」 51장 27절). 특히 독일과 프랑스에 살던 유대인들이 아슈케나지의 주축을 이루고 있었고, 나치 유대인 박해 때 대거 아메리카로 이주해 지금의 모습으로 살고 있다.

그렇다면 유대 사회에 모계가 작동한 배경은 무엇이고, 언제부터 생긴 것일까? 대부분의 신학자는 이것이 남북왕국 시대가 망하면서 생겨난 것으로 보고 있다. 유대 남자들이 전쟁에 끌려가 죽거나 다쳐 핏줄을 이을 상대가 없어진 유대인 여성들이 다른 민족을 받아들여 가족 구성원을 유지한 데서 비롯되었다고 보는 것이다.

그래서 유대인들에게 과부란 공동체 사회에서 가장 중요한 구성원 가운데 하나였고, 과부와 고아를 돌보는 것은 유대 공동체의 중요한 임무이기도 했다. 남자들은 전쟁터로 끌려가고, 여성들이 그 자리를 메워 유대 사회를 지금의 자리로 이끌어온 것이다.

그런 전통적 고통의 세월을 기반으로 살면서도 이들은 절대 놓치지 않고 여러 가지 사회적 공동체적 가치를 지켜왔다. 그 중심에 유대인 엄마가 존재해온 것이다.

8

나랏말을 다듬고
지키게 한다

돈을 잃거나 재산을 날리거든 웃어라. 다시 일어서면 되니까.
그러나 말을 잃어버린다면 그땐 울어라. 더이상 유대인일 수 없으므로.
| 유대 격언 |

모국어를 내려놓는 순간 나라는 사라지고 만다는 것이 이스라엘 교육의 핵심가치다. 나라가 사라진다는 말은 유대인에게 특별한 눈물과 고통을 상기하는 문장이다.

이스라엘이 통일왕국으로 처음 왕정 시대를 열 때 사울이라는 인물이 초대 왕으로 40년간 나라를 다스렸다. 그 뒤를 이어 다윗왕이 40년간 팔레스타인 지역의 적들과 전쟁을 하며 통일왕조를 꾸렸다. 그리고 그의 아들 솔로몬왕은 우리에게 익히 잘 알려진 대로 지혜의 왕이다.

솔로몬이 다시 40년간 통치하고 죽은 후 나라가 둘로 갈라졌다. 120년의 통일왕국 이후 남북한처럼 북왕국 이스라엘과 남왕국 유다^{Judah}로 갈라진 것이다.

이 두 나라는 같은 언어, 즉 히브리어를 쓰는 하나의 민족이었고 서로 화해를 하다가도 전쟁도 곧잘 벌이며 분단국가로 오래 나뉘어 있었다.

그러다가 기원전 722년에 북왕국 이스라엘이 아시리아^{Assyria}의 공격을 받아 먼저 멸망하고 온 나라가 잿더미가 되었다. 이 전쟁으로 이스라엘의 수많은 백성이 아시리아에 끌려가고 문화와 전통이 완전히 깨졌다.

남아있던 남유다왕국도 기원전 586년에 무너졌다. 이번에는 아시리아를 무너뜨린 세계 최강국 바빌로니아^{Babylonia}가 침공한 것이다. 이 전쟁으로 멀쩡한 남자는 하나도 남겨두지 않고 다 바빌로니아로 끌려갔다는 말이 나올 정도로 유다왕국은 처참하게 무너졌다. 그리고 북왕국 10개 지파는 흔적도 없이 사라졌고, 남왕국 유대 사람들만 식민지로 살아남았다. 이스라엘 사람들을 유다 민족 혹은 유대인이라고 부르는 것이 여기서부터 비롯된 것이다.

그런데 이들은 왜 북왕국처럼 사라지지 않고 살아남았을까? 그것은 이들이 유대 전통과 성경 그리고 언어를 잊지 않았기 때문이었다. 토라는 모국어로 된 성경이고 그들 조상의 역사이기도 하다. 그것을 잊지 않음으로 인해 2천 년간 나라 없이 유랑하면서도 유대인의 전통을 지금까지도 지켜낸 것이다.

해외 유대인도 모국어를 배우다

전 세계로 흩어지고, 심지어 중국 땅까지 흘러와 민족공동체를 이루며 19세기까지 살았던 이들이 유대인이다. 전 세계로 흩어진 유대인들은 오랜 시간이 지나 토라에 써진 고대 히브리어를 읽고 쓰는 법을 잊어버렸다. 그러나 사라진 히브리어를 다시 살려내는 집요함으로 1948년 통일국가로 독립했다. 그래서 모국어라는 것은 유대인들에게 특별한 의미인 것이다.

요즘 우리 사회에는 신조어들이 넘쳐나고 있다. 학생들을 비롯한 젊은 세대들이 약어와 은어를 많이 사용하면서 기성세대들은 젊은 세대들의 언어를 이해할 수 없는 지경에 이르렀다.

그러나 이스라엘은 다르다. 모국어 사랑을 위해 한 해 수천, 수만 명이 이스라엘로 돌아와 교육을 받는다. 유대인 엄마들은 타국에 살아도 고국의 언어를 잊어가는 자녀를 그냥 두지 않고 철저하게 언어를 가르친다.

언어를 배운다는 것은 그 나라의 문화와 전통을 배우는 것이다. 해외로 유학을 간 자녀들이 모국어도 제대로 하지 못해 절절매는 모습을 보게 된다. 이스라엘에서는 있을 수 없는 일이다.

고국을 떠난 유대인들은 모국어를 배우는 데 그토록 열심일 수가 없다. 다 큰 성인들, 할아버지와 할머니들까지 이스라엘로 돌아와 자녀뻘 혹은 손자뻘이 되는 젊은 교사에게 모국어를 배우는 나라가 이스라엘이다.

이스라엘에 오는 유대인 장년 남녀들은 대부분 미국에 있는 유대인들인 경우가 많고 영국이나 프랑스, 오스트리아, 베네룩스 3국, 북유럽, 러시아에서도 온다. 동유럽의 체코와 슬로바키아, 폴란드에서도 오고 스페인과 남미에서도 온다. 이들 중에는 유대인 언어를 잊어버린 이들이 제법 있어 모이면 서로 소통이 안 되는 경우도 많다고 한다. 게다가 유대 언어를 안다고 해도 의사소통이 어려운 경우가 있다. 유럽과 미국 쪽에서 온 유대인 할아버지, 할머니들 가운데는 이디시어Yiddish language로 말하는 사람들이 많기 때문이다.

이디시어는 히브리어 문자를 사용하긴 하지만 독일어와 슬라브어가 혼용되어 있는 형태로, 유대인의 고유 언어인 히브리어와 완벽하게 소통하기에는 다소 무리가 있다. 그래서 중국과 인도 말고 가장 문맹자가 많은 나라가 이스라엘이라는 농담도 있다. 서로 다른 지역, 나라에서 살아 왔기에 모국어를 모르는 것이다.

그런데 놀라운 점은 이 모국어라고 부르는 히브리어는 실전失傳되었다가 살아난 언어라는 것이다. 성경에 나오는 히브리어로 된 『구약성경』은 이미 오래전에 실전되었다. 나라가 없어지면서 완전히 사라져버리고 성경 필사본만 남은 것이다. 이렇게 2천여 년 동안 일상생활에서 사용하지 않던 언어를 되살려 쓰기 시작한 것은 한 영웅의 피땀 어린 노력 덕분이다.

실전된 모국어를 다시 살려내다

19세기 말 프랑스에서 의학을 공부하던 엘리제르 벤 예후다^{Eliezer} $^{Ben-Yehuda}$라는 한 유대인 학생이 히브리어가 사라졌다는 사실을 인식하고는 모국어를 살려야 흩어진 민족이 한데 모일 것이라고 생각했다.

유대인은 남북왕국이 무너진 기원전부터 성경에서 야훼 여호와가 약속한 대로 한데 뭉쳐 살게 된다고 믿어왔다. 유대인들이 전 세계로 집시처럼 떠돌고 있을 때 이 젊은이는 성경의 약속을 믿고, 유대인들이 나라를 세우고 독립하기 위해서는 반드시 통일된 언어가 있어야 한다고 생각한 것이다. 흩어진 유대인들이 현재 살고 있는 나라의 언어를 사용하며 살아가고 있었기 때문에 그는 만약 독립을 하더라도 의사소통이 되지 않을 것을 우려한 것이다.

벤 예후다는 영어·독어·불어 등 다른 나라의 언어를 모국어로 삼자는 일부 의견을 무시하고 자신의 의견을 개진했다.

"옛 우리 조상들이 사용하던 히브리어를 다시 살려내야 합니다. 우리가 토라를 읽으면서 이를 현대 언어로 사용하지 않는 것은 우스운 일입니다. 우리 조상의 언어를 우리가 살려내 현대 언어로 사용하는 것은 유대인의 정체성을 살리는 것이요, 이스라엘의 독립을 온전하게 받쳐줄 기둥이 될 것입니다."

전 세계에서 흩어져 살던 이들이 돌아오기 시작하면서 때 아닌 언어 문제로 갈등이 첨예하게 붙었다. 당시에 사람들은 찬반양론으로 서로 격렬하게 반대했는데 벤 예후다의 제안을 반대하는 이들이 훨씬 많았다고 한다. 옛 조상이 쓰던 성서 히브리어와 랍비문학의 히브리어를 다시 재생시킨다는 것이 쉽지 않고, 특히 그것을 다시 배워야 한다는 것이 내키지 않았던 것이다.

사라진 히브리어를 다시 재생시키려면 그 당시 문화에선 없었던 단어들도 모두 다시 만들어야 했다. 첨단기술의 발달과 과학문물의 확산으로 기계·건설·자연과학 용어는 물론 경제 용어, 정치 용어들도 많이 생겨났기 때문에 히브리어를 재생하려면 어려움이 배가 되는 것이다.

여기에 정통파 유대인들은 신이 내린 언어는 기도할 때만 사용할 수 있고, 성경 읽을 때만 사용할 수 있다며 거룩하고 신성한 언어를 현대의 비속한 생활 용어로 쓴다는 것부터가 신성모독이라며 반대했다. 그런 상황에서 벤 예후다는 먼저 자기 가정에서 새 히브리어를 만들어 보급하고 사용하기 시작했다.

벤 예후다는 특별한 인물이었다. 1881년 당시 오스만 투르크령이던 팔레스타인으로 이주한 벤 예후다는 이디시어를 비롯한 이주민들의 다른 유대어들로부터 영향을 받지 않은 진짜 고대 히브리어를 되살릴 방법을 모색했다. 이런 철저한 교육으로 그와 그의 아들은 디아스포라 이후 2천 년만에 처음으로 히브리어를 모국어로 사용하는 사람이 되었다. 벤 예후다는 1884년에는 시오니즘 히브리어 신문 〈하체비〉를 펴냈으며, 총 16권에 이르는 『히브리어 대사전』 발간작업을 의욕적으로 추진해 성공시켰다. 이 노력이 성공을 거두고 이스라엘 국민들이 성원하면서 히브리어 위원회가 설립되었다.

반대가 만만찮았지만 결국 그의 노력과 뜻이 받아들여져 히브리어가 1922년 11월 유대 국가의 국어로 공식 선포되었다. 결핵을 앓던 그가 죽기 한 달 전이었다. 이후 1953년 이스라엘 정부에 의해 히브리어 아카데미로 이어져 오늘의 히브리어를 재탄생시킨 것이다.

유대인 엄마들은 자녀에게 이런 히브리어 재탄생의 과정을 설명해주고 모국어 사용이 얼마나 중요한지를 철저하게 가르친다. 지금은 좀 줄어들었다고는 하지만 이스라엘에는 지금도 외국의 디아스포라들이 방문해 언어를 배운다고 한다. 모국어가 자신의 기둥인 것을 깨달은 자들이 뒤늦게 고국으로 돌아와 배우는 것이다. 미국에서도 이렇게 히브리어를 가르치는 기관이 생겨나 미국 내 유대인들의 언어를 지켜주고 있다. 이런 노력을 보면 한글 파괴에 오히려 앞장서는 우리나라의 방송이나 게임매체들의 행적이 부끄럽기 짝이 없다.

우리가 먼저 다가가 자녀들을 보듬고 지금부터라도 대화를 시작하자.

꼭 한 번 껴안아주고 등을 도닥이자. 부모가 이것부터 먼저 시도해야

유대 부모를 넘어서는 자녀교육을 제대로 시작할 수 있다.

유대인은 자녀교육에 엄격하고 철저하기로 소문난 민족이다. 그들은 자녀교육에 있어서 자신이 해야 될 일을 절대 배우자에게 떠맡기거나 양보하지 않고 철저하게 자기 몫을 다한다. 자녀교육은 곧 민족의 정체성과 공동체의 동질성 보존을 위한 최선의 해법이었다. 이를 통해 기원전부터 현재까지 오랫동안 유대인들만의 문화를 계승해올 수 있었다. 유대인들의 자녀교육법은 다르다. 바로 하브루타 교육법이다. 하브루타는 질문과 토론으로 진행되는 독특한 유대 교육 방식이다. 남과 다르게 키우려는 유대인 엄마의 노력은 하브루타로 절정을 이룬다.

2장

하브루타로
소통하는 유대인 엄마

하브루타로
질문하고 생각하게 한다

두 사람이 모이면 3가지 의견이 나온다.
| 유대 격언 |

　유대인의 하브루타 교육은 단독 과외수업도 아니고, 특별한 비법이 있는 것도 아니다. 이것은 짝을 이루어서 서로 대화를 시작하고 두 사람이 서로 질문하며 토론과 응답으로 해답을 찾아가는 과정이다. 즉 '하브루타'는 파트너와 서로 질문하고 답하면서 토론하는 수업 방식을 의미한다.

　히브리어 하브루타는 원래 하베르라는 말에서 나온 것이다. '친구'라는 뜻의 히브리어 '하베르'는 결국 '가르치고 배우는 관계'로 되었다가 토론이나 논쟁의 상대로 자리매김하게 되고 그 현장의 학습법을 개발해 적용하면서 본격화되었다.

　어떤 이는 하브루타 교육이라고 해서 하브루타가 엄청나게 거창

하고 특별한 교육인 것처럼 말하기도 한다. 하지만 사실 질문과 토론과 응답이 짝을 이루어 진행하다 보면 서로가 좋아지고, 좋은 방법도 찾아내고, 한편으로 질문의 힘과 능력을 계발시켜 서로의 장점을 취할 수 있는 것, 그게 하브루타의 전부다.

하브루타는 마치 공자의 삼인행을 연상하게 한다. 삼인행필유아사三人行必有我師는 『논어論語』의 「술이편述而篇」에 나오는 말이다. "세 사람이 같이 길을 걸어가면 반드시 내 스승이 있다. 좋은 것은 본받고 나쁜 것은 살펴 스스로 고쳐야 한다." '삼인행필유아사'는 좋은 것은 따르고 나쁜 것은 고치니, 좋은 것도 나의 스승이 될 수 있고, 나쁜 것도 나의 스승이 될 수 있다는 뜻이다.

이것은 이미 조선사에도 자주 등장하는 선비들의 공부방 방식이며 전통적인 토론 수업의 장으로 우리 안에도 존재했다. 물론 그룹 공부라는 점에서 하브루타와 차이가 있지만 그 장점을 취하지 못하고 단점만 들추어내서 '쟁론하고 따지고 것'을 기피하면서부터 우리 사회에 좋은 전통으로 이어져왔던 토론 문화가 사라지고 말았다.

조선사에는 경연이라는 토론 제도도 있었다. 특별했던 토론 수업인 경연은 임금과 신하를 위해 마련한 것으로 고전과 성현의 사례를 배우고 토론하는 제도였다. 이 경연으로 인해 역사적 사실에 비추어 임금의 말과 행동을 낱낱이 비판하던 올곧은 신하가 나오게 되었고, 임금은 깨우치며 자신의 단점을 고칠 수 있었다. 경연은 학문을 위한 토론의 장이었고, 정책을 결정하는 자리였고, 백성을 위한 정치를 고민하던 자리였다. 그러나 여전히 신분의 높고 낮음과 서로에 대한 신뢰 부족, 당쟁의 사적 이익을 추구하던 신하들로 인해 단점만 부각되고 장점은 잊혀져버렸다.

하브루타는 이런 단점을 아예 제외시킨다. 출발부터 서로 대등하다는 점이 장점이다. 유대 사회의 하브루타가 수천 년간 성공을 거두어 온 배경에는 짝끼리 대등한 관계를 이루어 이를 철저히 지켜왔다는 점 때문이다.

하브루타는 동등한 입장에서 시작한다

하브루타는 상대와 내가 동등하다는 입장에서 시작한다. 친구니까 가능한 일이고, 파트너니까 가능하다. 갑과 을 사이에서는 하브루타가 적용되기 어렵다. 자유롭게 질문하기도 대답도 하기 어렵기 때문에 질문 – 토론 – 대답이 다 짝을 제대로 이루지 못하는 것이다.

하브루타의 또 다른 장점은 역할 바꾸기다. 역지사지易地思之의 입장 바꿔보기가 작용되니 서로를 이해할 수 있다. 상대편의 처지나 입장에서 먼저 생각해보고 이해하라는 것이니 하브루타가 성공한 배경을 이해할 만하다.

하브루타의 대화 방식을 구체적으로 예를 들어 살펴보자.

주제를 먼저 정하기도 하고, 나중에 정리해서 결론을 내리며 주제를 보강하기도 한다. 주제를 먼저 선정해보자.

가상 주제 : 학교 내 왕따 문제

전제 사항 : 이스라엘은 많은 학생이 배우는 일반 국공립 학교와 유대인 전통을 철저히 지키는 국립 종교 학교, 사립 학교, 정통 유대계 학교, 아랍계 학교 등 다양한 교육기관이 존재하고 있다. 그런데 먼저 귀국한 국민과 계속 이주해오고 있는 후발 국민들, 모국어를 모르는 신세대들이 마구 섞여 있어 학교 내부에서는 다양한 문제들이 돌출된다. 특히 집단 이기주의나 소외 그룹에 대한 차별 문제로 적지 않은 마찰을 일으키고 있다.

친구 1 : 먼저 귀국한 부모를 따라 들어온 학생들이 모국어에 서툰 후발 귀국한 학생들을 소외시키는 것이 타당한 일인가?

친구 2 : 그건 개인의 문제가 아니라 교육 당국의 문제가 아닐까?

친구 1 : 왜 당국의 문제라고 생각하지?

친구 2 : 나중에 귀국한 학생들이 모국어를 못하는 건 당연한 거고, 잘하는 학생과 못하는 학생이 같이 어울리기 어려우니까 자연스레 소외되는 거잖아. 제도적으로 이들을 별도로 교육해주는 기관이나 수업, 강사가 필요하다고 봐. 네 생각은 어때?

친구 1 : 그렇다 해도 같은 학생을 왕따시키는 것은 옳지 않아. 도덕적으로도 종교적으로도 잘못된 일이야. 너는 어떻게 생각해?

친구 2 : 그건 사람 사는 사회에선 너무 당연한 거야. 인간의 본성 때문이라고 생각해. 그래서 잘하는 집단과 못하는 집단이 섞이지 않도록 미리 배려해줘야 해. 그걸 하지도 않으면서 혹시 피해를 입을 지도 모를 다른 선의의 피해자를 비난할 수는 없지 않아?

친구 1 : 인간의 본성을 이야기하는구나. 그럼 우리가 제3자가 아닌 그들 입장이 되어보자. 너는 후발 귀국한 자녀 때문에 손해를 본다고 생각하는 입장을 말해봐. 나는 모국어가 서툴러 고생하는 아이들의 입장을 말할게.

친구 2 : 좋아. 나는 학교에서 수업 진도가 너무 느리다고 생각해. 그 원인은 너희들이 진도를 따라오지 못할 정도로 모국어가 서툴러서 그렇다고 봐. 집에서나 다른 교육 기관에서 보충 수업을 해서라도 전체가 피해를 입지 않게 도와줄 의무가 너희들에게 있다고 생각하지 않아?

친구 1 : 그래? 하지만 우리가 잘못한 식으로 말하는 것은 더 잘못된 거야. 우리도 부모님을 따라 들어와 이스라엘의 국민이 된 사람들이야. 교육기관이 우리를 돕고 살펴봐주는 데 한계가 있어서 그런 건데, 그걸 우리 책임으로 돌리는 것은 책임전가라고 생각하지 않아?

친구 2 : 하지만 피해를 보는 집단이 존재한다는 데 문제가 있어. 이 문제는 생각보다 훨씬 복잡해. 우리 사회나 교육 기관이 이 문제를 너무 쉽게 보고 있거나 방관하고 있는 것은 아닐까?

친구 1 : 그럴 수도 있어. 우리도 공부를 더 열심히 하고 진도를 따라가야 겠지만 학교에서 별도의 프로그램을 지원해주면 좋겠어. 그렇다고 돈을 받는다거나 하지 말고 말이야. 그런데 학생들끼리 이런 문제로 서로 불편해지는 것은 문제가 있다고 봐. 차별의 벽이 생기게 되는 거야. 네 생각은 너무 개인주의적이라고 생각하지 않니?

친구 2 : 그래. 그렇게 받아들일 수도 있겠구나. 하지만 나는 전체를 위해 일부가 섬기고 희생해주는 것이 효율적이라는 생각이 들어. 너는 어때?

이쯤 해서 지켜보던 선생님이 개입한다.

선생님 : 좋아요. 좋은 토론 주제였어요. 우선 진도가 느려서 불편한 우수 그룹이 생기고 불만이 나오는 것을 잘못된 일이라고 표현하는 것에 문제가 있다고 봐요. 그것은 참을 문제가 아니고 적극적으로 이야기하고 건의해서 고쳐나가야 해요. 그건 또 한편으로 학교 당국의 문제가 맞아요. 모국어 훈련 프로그램을 강화하고 예산을 투입해야 해요. 학부모자치회에 이 문제를 정식으로 제기해야겠군요. 그런데 이 문제를 특정 학생에게 불평하고 시비를 거는 태도는 고치는 것이 옳다고 봐요. 그러면 아까 말한 대로 차별의 벽이 생기고 원망의 벽이 생기죠. 개인의 문제를 제도의 문제로 인식하는 태도는 좋다고 봅니다.

한 가지 더 살필 것은 이 문제는 우리 사회가 앞으로도 계속 고쳐나가야 할 진지한 주제라는 거예요. 잘 사는 집단은 못사는 국민들에게 세금을 퍼준다고 불평하고 소외시켜요. 소외그룹은 차별이라고 불평하죠. 여기에 『탈무드』 이야기를 예로 들게요. 부자는 가난한 이웃을 돌볼 의무가 있어요. 참고 기다려주고 인내할 책임도 있어요. 있는 자가 더 참고, 있는 자가 더 기다려주는 사회가 건강하다고 봅니다.

자, 오늘 토론한 이야기와 제가 참고로 해준 이야기를 바탕으로 자신의 생각을 써보세요. 고칠 점, 개선할 점도 포함해서요. 수고했습니다.

이야기가 너무 진지해졌지만 이런 식의 접근이 바로 하브루타 공부법이다. 간단한 주제로 시작해서 아주 깊은 내용으로 들어가기도 하고, 결론이 나지도 않고 스톱되기도 한다. 지도 교사나 부모가 봐주기도 하고, 아예 없을 때도 있다. 본인들이 결론을 내지 못해 다른 그룹과 의논하는 경우도 많다.

이런 과정을 통해 건강한 질문과 토론이 생겨난다. 또한 상대의 이야기를 틀렸다 하지 않고 끝까지 들어주는 경청의 리더십도 배운다. 해야 할 것과 버려야 할 것, 지켜야 할 것과 미처 생각하지 못한 것을 배운다. 상대가 나보다 낫다고 여기는 문화를 만들어가기 때문에 토론중에 핏대를 세우지 않는다. 또 화가 나도 참고 상대의 이야기를 들어주는 훈련을 통해 사회성을 키워간다.

우리에게도 하브루타가 필요하다. 하브루타는 주입식교육 제도 아래 신음하는 우리 학생들에게 사회성과 창의성과 상상력을 길러줄 수 있는 유일한 대안이라고 생각한다.

2
밥상에서 쟁론을
지켜보는 유대인 엄마

안식일에 함께 모여 다투지 않으면 유대인이 아니다.
| 유대 속담 |

　유대 속담에 "안식일에 함께 모여 다투지 않으면 유대인이 아니다"라는 말이 있다. 여기서 다툰다는 말은 싸운다는 의미가 절대 아니다. 유대 자녀들은 밥상머리에서 형, 언니, 동생을 불문하고 자기주장을 강하게 하는 편이라 얼핏 싸우는 것처럼 보일 수도 있을 것이다. 그러나 싸우는 것이 아니라 자기주장을 강하게 펼치며 물러서지 않고 그 주장의 근거를 대면서 기싸움을 하는 것이다.

　너무 버릇없다고 생각할 정도까지 부모는 이들을 제지하지 않는다. 그 속에서 자녀들은 논쟁의 장단점과 사회와 지식, 상식, 정보를 배운다.

　광고 중에 '가족이 한데 모여 식사하는 것이 가장 큰 축복'이라는 광고 카피가 눈에 확 들어온 적이 있다. 언제부터인가 우리네 식탁은 나홀로 식탁이다. 혼자서 먹는 경우가 많으며, 간혹 둘이든 셋이든 모여서 식사를 하더라도 대화는 거의 없다. 자녀와 같이 식사를 할 경우에도 예외 없이 고개를 푹 숙이고 문자나 인터넷 검색, 게임을 하기 때문에 서로 간의 대화는 완전하게 단절된다.

한국 사회와 가정이 무너지고 있는 이유 가운데 하나는 밥상머리 교육이 없어져서라는 이야기가 있다. 가족간의 대화와 소통이 무너진 것이 가정 붕괴의 원인이라는 진단에 충분한 근거가 있어 보이지 않는가.

과거 한국 사회는 유대인들처럼 밥상머리 교육이 통했다. 삼대 동간이라는 독특한 가부장제가 있었기 때문이다. 즉 할아버지와 할머니, 아버지와 어머니, 손주가 한 집안에서 같이 살았기에 서로를 조심하고 절제하며 부모의 교육이 아래로 대를 이어가며 전달될 수 있었다. 조부모가 돌아가시는 모습을 목격하며 죽음을 생각하고 운명이라는 것을 배우기도 했다. 삼대가 동거하는 사이에 서로를 알고 배우며 가문의 전통을 몸에 익히게 되는 것이다.

한옥에서 살아온 우리로서는 이 한국적인 독창성을 잃어버린 것이 가장 큰 실패라고 이야기할 수 있다. 한옥은 지금처럼 문이 닫히면 안에서 무얼 하는지 전혀 알 수 없는 구조가 아니었다. 방에서 누군가 나오면 온 가족이 다 알 수 있었다. 아버지가 마루로 나와 기침을 한번 하는 것이 서로가 주고받는 신호이기도 했다.

어릴 때는 골목에 들어서면서부터 잔기침을 하는 아버지를 대번에 알아차릴 수 있었다. 설령 자녀들이 조부모나 부모와 많은 대화를 나누진 않았더라도 그분들의 언행을 보며 컸기에 그 자체가 가문의 교육이 될 수 있었던 것이다. 하지만 지금은 가족의 형태가 핵가족으로 변하기도 했고, 주거형태도 아파트로 변하면서 대화의 통로가 완전히 단절되고 말았다. 방과 방이 단절되고. 문과 문이 가족 사이를 갈라버렸다.

그래서 일부 건축가들은 아파트 안에도 거실과 방이 소통될 수 있도록 창을 달기도 하고 간유리를 끼워 프라이버시는 보장하되, 언제나 소통이 되도록 설계한다는 이야기를 듣고 다행이라는 생각을 하기도 했다. 그러나 요즘 세대들은 이런 이야기를 하는 것 자체가 프라이버시 침해라고 말할지도 모르겠다.

감사 기도로 불평불만을 잠재운다

식사 시간은 온 가족 구성원의 마음의 양식이 되어야 한다. 그것을 지금도 실천하는 이들이 유대인 엄마들이다.

유대 부모들도 주중에는 우리처럼 늘 바쁘지만 안식일에는 무조건 시간을 비워둔다. 안식일에 가족들을 모두 불러 모아놓고 '할라Challah'를 먹으며 서로 대화를 시작한다. 할라는 안식일이나 축일에 먹는 유대인 전통 빵이다. 안식일의 3끼 식사에 한 번에 두 덩어리씩 내놓는다. 두 덩어리의 빵은 성경에 나오는 만나를 두 배로 올린 것을 상징한다. 만나는 이스라엘인들이 이집트를 탈출해 광야를 헤매던 엿새째 되던 날부터 하늘에서 매일 떨어져 사막 생활을 가능케 한 기적의 음식이다.

부유한 집에는 고기 등 더 좋은 먹거리가 있겠지만 가난한 부모에게는 할라 한 쪽도 귀하다. 이렇게 귀한 할라를 한쪽씩 나누며 조상들이 신앙을 지키기 위해 싸워온 이야기를 해주는 부모님의 모습에 자녀들은 감사해 한다.

형제자매들은 서로 이익과 실리를 추구하다보면 싸움이 날 수밖에 없다. 싸우지는 못하니 밥상에서 서로 쟁론이 일어난다. 형이 아우에게 왜 시험을 방해하는지를 질문하고, 동생은 변명한다. 유대인 엄마는 처음에는 간섭하지 않고 듣기만 한다.

유대인 엄마는 밥상머리에 모두가 같이 앉을 날이 안식일뿐이기에 정성을 다해 안식일 밥상을 차린다. 딸들은 음식을 차리는 과정을 바라보며 돕기도 하는데 이때 엄마로서의 모성도 배우게 된다.

자녀들은 서로 질문하고 토론하며 싸움을 걸기도 하고 받아주기도 한다. 이렇게 되면 밥상이 시끄러울 수밖에 없는데, 어느 순간 엄마가 개입하기 시작한다.

사실 어느 가정이든 부모가 다 자녀의 마음에 들 것인가? 어느 자녀가 다 부모의 마음에 들 것인가? 서로 주장하는 비도 다르고, 생각하는 것도 다르며, 사는 방식도 다르다. 그러니 충돌이 생기는 것은 어쩔 수 없다. 휴대폰을 아예 쓰지 못하게 하는 전통적인 가정에서 자녀는 정보를 얻기 위해 최소한 사용을 허가해 달라고 주장한다. 부모는 휴대폰을 보지 않아도 손해볼 일은 크게 없음을 인생을 통해 배워왔지만 자녀들에게 무작정 강요할 수는 없고, 그저 계속 설득하고 주장하고 양보하고 받아들이도록 가르치는 것이다. 이래서 유대 가정의 식탁 교육은 하루도 조용한 날이 없다. 그러나 사실 정통 유대 가정에선 휴대폰 자체가 없다.

물론 세대 간의 격차가 아무리 없다 해도 유대 사회 또한 변화중이다. 그만큼 갈등도 계속된다. 이를 잠재우는 방법은 바로 유대인 엄마의 감사 기도다.

오늘 하루 식탁에 앉을 가족들을 위해 축복하고 감사로 시작해 감사로 기도를 마무리한다. 이만큼 갖게 됨을 감사하고, 부족한 가운데서도 참고 견디도록 기도한다. 그러다보면 어느새 불평불만이 사라지고, 가족간의 사랑과 가정의 화목이 살아나는 것이다. 유대인 엄마의 자애로운 기도는 싸움을 멈추게 한다는 말까지 나온다.

이스라엘은 우리와 학제가 비슷하다. 중학교 들어가는 이스라엘 아이들이 가장 주장도 강하고, 말썽도 많다. 물론 우리나라만큼은 아니다. 성인식을 하면서 철이 들어 세대 갈등은 덜한 편이다. 그러나 문물이 발달하는 와중에 수천 년의 전통을 고집하다보니 아이들은 반발하고 쉴 새 없이 질문하며 수긍하지 못하기도 한다. 그럼에도 그곳 역시 아랍과 갈등관계에다 테러와 전투가 쉴 새 없어 군에서 남녀 모두가 소집을 당하니 불평의 기간이 짧다고 한다. 거기에 안식일이 일주일마다 돌아오니 불평을 감사로 바꿔 살아가고 있는 것이다.

3

자녀교육에 실패하면
정체성이 위협받는다

내 말을 네 마음에 두라. 내 명령을 지키라. 그리하면 살리라.
| 잠언 4장 4절 |

유대인들은 토라를 통해 족장 시대에 한 가정의 아버지(노아를 말
함)가 아들 중에서 누구에게는 축복을 주고 누구에게는 저주를 내릴
수 있는 막강한 권한과 권위를 가졌었다는 것을 알고 있다. 반대로
권위를 가진 아버지가 만약 자녀와 후손을 잘못 교육한다면 가문 대
대로, 나아가 민족과 나라가 크게 손해를 보고 하나님으로부터도 저
주를 받을 수 있다는 것을 믿었다.

그래서 유대인 엄마들은 남편을 바로잡아 가정교육에 매진하도록
늘 충고한다. 유대 남성들은 가정에 오면 지쳐서 쉬고 싶지만 유대
아내들의 극성에 밀려 가정교육에 적극 나선다.

여기에서 약식 하브루타가 시작된다. 아내와 남편의 입장이 다르

고 맞벌이 등으로 할 일이 넘쳐나는 중에 자녀교육도 분담해야 하니 쟁론이 일어나지 않을 수 없는 것이다. 그러나 싸움으로 가지 않고 결론을 얻는 과정에 배울 것은 배우고 고칠 것은 고친다.

이는 상대의 이야기를 경청하는 버릇이 어릴 때부터 훈련되어 몸에 밴 탓이다. 하브루타는 이 사회의 보편적 교육 시스템이자 사회적 분위기로 자리잡고 있다.

이를 지원해주는 든든한 배경에 유대의 스승 랍비가 있다. 랍비들은 회당에서 탈무드식 교육을 할 때 노아의 자녀교육 방식의 문제점에 대해 자주 이야기한다. 노아는 홍수 이야기의 주인공으로 성공한 리더라고 평가받고 있다. 그렇다면 그는 자녀교육도 그만큼 잘했을까? 랍비들은 이 문제를 들고 나와 유대 청년들에게 짓궂은 질문을 던진다고 한다.

"노아의 자녀교육은 토라 창세 이야기에서 볼 때 잘했다는 평가를 내릴 수 있나? 자네 생각은 어떤가?"

"네…, 잘했던 것 같습니다."

"근거를 논리적으로 대보게나."

"음…, 셈과 야벳이 잘 커서 많은 후손을 남겼기 때문입니다."

"아닐세."

"아니라고요?"

"틀렸네. 자네는 모른다고 대답하는 게 맞는 답일세. 왜냐하면 노아의 홍수 후 기록이 거의 없기 때문이네. 또 하나, 노아는 자녀 교육을 잘못했네. 그 점을 알겠는가?"

"(한참 생각한 후)랍비님, 왜 노아가 자녀들을 잘못 교육했다고 말씀하시는지 잘 모르겠습니다."

노아에 대한 랍비의 평가는 대략 이렇게 정리된다.

노아는 홍수 후의 기록이 별로 없다. 「창세기」 9장 28절에서 29절 사이에 "홍수 후에 노아가 350년을 지냈고 향년 950세에 죽었더라"라는 말이 나온다.

이 기록을 보면 노아가 홍수 후에 350년이나 더 살았다는 이야기가 된다. 여기서 인간이 어떻게 950살까지 살았는지는 따지지 말자. 지금 유대인들과 기독교인의 믿음이 참이냐 거짓이냐를 이야기하려는 것이 아니다. 성경 기록을 그대로 믿는 유대인의 이야기를 하는 중임을 기억하자.

노아는 350년 동안 무엇을 하고 살았으며 어떤 업적을 남겼을까? 랍비는 이 점을 부각시키고 싶어서 이야기를 꺼낸 것이다. 랍비는 이 사건을 다른 각도로 읽고 해석한다. 랍비는 노아의 홍수 이후 노아가 살아온 350년 동안 정말 큰 사건이 일어났고 그 후손들의 영화와 오욕을 다 보고 죽었기 때문에 그가 일정 부분 후손들의 삶에 깊고 깊은 영향을 미쳤을 것이라 생각한다.

그렇다면 도대체 노아의 홍수 후 350년간 무슨 일이 일어났을까? 노아 나이로 따지는 「창세기」 역사의 기록을 살펴보자.

480세 홍수에서 살아남기 위해 노아의 방주 공사를 시작

500세 세 자녀 출생(2대손 셈/함/야벳)

600세   홍수(홍수 후 노아는 생계수단으로 포도나무 과수원 운영)

602세   아르박삿 탄생 3대손

637세   셀라 탄생 4대손

667세   에벨 탄생 5대손

701세   벨렉 탄생 6대손

         (벨렉이라는 이름은 나누다는 뜻: 바벨탑 사건*)

731세   르우 탄생 7대손

763세   스룩 탄생 8대손

793세   나홀 탄생 9대손

822세   데라 탄생 10대손

         (이 이름은 아브라함의 부친이다)

892세   나홀과 다른 나홀, 하란 그리고 아브라함 탄생 11대손

(…)

이 사이에 데라가 아브라함과 사라와 롯을 데리고 갈대아 우르를 떠남

(…)

950세   노아 사망

이렇게 성경의 기록을 죽 펴놓고 따져보면 노아는 생애 동안 술에
취해서 아들을 잃어버리는 저주와 바벨탑 사건으로 온 민족의 언어가
혼잡해지는 놀랍고 슬픈 사건을 전부 경험했다는 것을 알 수 있다.

● 인간들이 이름을 드러내고 흩어짐을 면하기 위해 시날 땅에 세운 탑. 야훼 하나님께서 언어를 혼란케
   하심으로 완공을 보지 못했다(「창세기」 11장 1~9절).

결과적으로 노아는 의로운 사람이라는 좋은 평판을 받았고, 노아의 홍수 사건을 잘 완수함으로써 하나님께도 크게 쓰임을 받았으니 일단 성공한 족장임은 틀림이 없다. 하지만 자녀교육과 후손교육은 그리 잘한 것이 아니라는 생각을 하게 된다. 노아의 일생을 살펴봤을 때 그는 노년에 실수도 했고, 자녀교육에도 문제가 적지 않았기 때문이다. 랍비는 이 점을 지적한다.

첫째, 포도농사를 지으면서 술에 취했다는 점이다. 술에 취하지 말라는 당부를 그는 기억하지 못한 것이다.

둘째, 자신의 자녀 셈과 야벳, 함을 통해 많은 후손을 뿌렸는데 후손이 많아지면서 함께 살지 못하고 중근동으로부터 세계 곳곳으로 각각 흩어지게 된다. 노아는 자녀들에게 노아의 홍수가 왜 일어났으며 인류의 죄악이 얼마나 컸는지, 하나님을 잃어버리면 절대 안 된다든지 등의 진솔한 교육을 하지 못했고, 이로 인해 인류는 다시 죄악으로 빠져들었다는 것이다.

셋째, 노아가 살아있을 때 교만에 빠진 후손들이 바벨탑을 쌓다가 다 쫓겨나게 되었는데, 그때 노아가 그들을 그냥 내버려 두었다는 것이다.

즉 랍비의 평가로 보면, 노아의 문제는 술에 취했다는 단순한 죄에서 교만과 거짓, 자녀교육의 실패라는 문제로 이어져 결국 최악의 결과를 낳았다. 그래서 유대인들은 『탈무드』에서 말한다. "유대인들이 나라를 잃은 것은 스스로 교육하지 않은 탓이다."

자식을 내버려두지 말라

사실 토라를 보면 족장 시대 이후에도 아버지가 잘못해서 아들들이 징계를 받는 장면을 자주 보게 된다. 물론 자녀들 잘못이지만 유대 랍비들은 자녀가 그리 잘못되도록 내버려둔 부모가 더 문제라는 인식을 갖고 있다.

사무엘 선지자를 키워낸 엘리 제사장의 두 아들은 하나님의 벌을 받았다. 엘리는 자신의 아들들이 스스로 저주받을 일을 하는 줄 알면서도 자식들을 책망하지 않았다. 그 죄를 엘리는 이미 알고 있었다 (「사무엘상」 3장 13절).

다윗 역시 전쟁과 처첩 문제로 아들을 잘못 가르치고 집안교육을 제대로 하지 못해 아들 압살롬과 비참한 골육상쟁을 벌여야 했다. 심지어 다윗은 자기 아들 장남 암논이 배다른 막내 여동생 다말을 성폭행하고 버려버린 것도 눈감아주었고, 이에 화가 난 셋째 아들 압살롬이 자기 맏형을 죽이고 도망갔음에도 묵과하고 만다. 그 아들 압살롬이 결국 반역으로 왕국을 차지하자 맨발로 쫓겨나 고통을 겪었으나 후일 반역을 진압하면서도 압살롬이 죽은 사실만 슬퍼한다. 그리고 넷째 아들 아도니야에게는 평생 "어찌하여 그랬느냐"는 잔소리 한 번 하지 않았다가 그가 아들 솔로몬 왕 대신 왕국을 차지하려는 반역을 겪는다.

그리고 급기야 다음 보위를 차지한 아들 솔로몬 역시 다윗의 왕국을 제대로 지키지 못하고 둘로 나눠지게 한 잘못을 저질렀다.

자식교육에 실패한 사례는 또 있다. 분열 왕국 시대의 유다왕인 히스기야는 대단한 믿음의 소유자였다. 그는 야훼 하나님으로부터 15년간 생명을 연장받는 놀라운 기적을 맛본 사람이었으나 그의 아들 므낫세는 유다 왕국을 52년간 통치하면서 최악의 왕이자 장수왕으로, 악한 일을 가장 많이 한 사람으로 기록되어 있다.

히스기야가 자식교육에 실패함으로써 유다 왕국의 멸망을 초래했다는 사실은 널리 알려진 일이다. 「열왕기하」 21장 16~17절의 기록을 보자.

> 므낫세가 유다에게 범죄하게 해 여호와께서 보시기에 악을 행한 것 외에도 또 무죄한 자의 피를 심히 많이 흘려 예루살렘 이 끝에서 저 끝까지 가득하게 하였더라
>
> 므낫세의 남은 사적과 그가 행한 모든 일과 범한 죄는 유다 왕 역대지략에 기록되지 아니했느냐 (「열왕기하」 21장 16~17)

가장 신앙적으로 뛰어났던 이들이 자녀교육에 실패한 것에 대해 『탈무드』는 신랄한 비판을 가한다.

> 자식을 때려서라도 가르쳐라. 때리는 만큼 자녀의 악도 사라진다.

우리도 마찬가지다. 우리 아버지들은 너무 쉽게 모든 것을 놓아버렸다. 아버지들은 밖에서 돈을 벌어온다는 핑계로 귀찮고 수고가 들

어가는 자녀교육을 아내에게 혹은 교사에게 몽땅 맡겼다. 이에 우리 엄마들은 사는 것에 지치고 힘들어 스스로 교육의 기회를 손놓아버렸다. 그 결과가 오늘의 학교 현장과 가정을 망치고 있다.

징계는 사랑하는 자녀에게 하는 것이다. 징계를 멈출 때 아직 미성숙한 자녀는 잘못된 방향으로 흘러간다.

4

스스로 구별되는
사람으로 키운다

올바른 자는 자기의 욕망을 조절하지만, 올바르지 않은 자는 욕망에 조종당한다.
| 탈무드 |

히브리어로 '구별된다'는 말은 남과 다르다는 말이기도 하고, 신앙
적으로 거룩하다는 의미로도 쓰인다. 유대 사회에서 거룩이라는 말은
죄와 구별된다는 뜻으로 활용되어 왔는데, 여기에 히브리어 켈리가
보태지면서 구별된 그릇인가 아닌가를 판단하는 말로 쓰였다.

히브리어 켈리는 '그릇' '물품' '연장' '수단' '장비' 등을 가리키는
말이다. 보통 이 히브리어는 하나님의 도구이며, 이스라엘의 일상생
활에 필요한 용구와 그릇을 말한다. 심지어 장신구, 피복, 침상, 악기
등 일상생활 용기 모두에 이 단어를 갖다 쓴다.

한자어로 그릇 기器란 글자가 있다. '그릇'이라는 글자를 생각할 때
우리나라는 그릇에 무엇을 담는가를 중요시하는데, 이에 반해 이스

라엘은 무엇으로 그릇을 만들었는가를 중요하게 생각한다.

중근동에서 그릇을 의미하는 켈리는 대단히 신앙적인 용어로 사용되었다. 이 때문에 유대 부모들은 이 그릇을 신성하게 활용하기 위해 많은 노력을 기울여왔다.

퓨전을 싫어하는 유대 부모들

우리나라에서는 흔히 둘 이상의 것을 섞어 쓴다는 의미로 짬뽕 또는 퓨전이라는 단어를 쓴다. 하지만 유대인은 짬뽕, 즉 퓨전을 싫어한다. 유대 부모들은 퓨전이라는 단어 자체를 아주 부정적으로 자녀들에게 가르친다. 무엇보다 유대인은 그릇 안에 깨끗한 것과 더러운 것을 함께 섞지 않도록 철저하게 가르침을 받았다. 유대인은 야훼 하나님 앞에서 사람 자체도 하나의 그릇이라고 여겼기 때문이다.

> 너희는 떠날지어다 떠날지어다 거기서 나오고 부정한 것을 만지지 말지어다 그 가운데에서 나올지어다 여호와의 기구를 메는 자들이여 스스로 정결하게 할지어다 (「이사야」 52장 11절)

여기서 기구가 그릇이고 켈리다. 특히 성전에서 사용하는 그릇들은 모두 성결하게 구별되었다. 이 그릇들은 절대 아무나 손댈 수가 없었다. 성전에서 사용하는 모든 제물도 거룩하게 구별된 것만 쓸 수 있었다. 제물로 바치는 소, 양, 비둘기, 심지어 곡식조차도 흠이 있거나 부실한 것은 결코 쓰지 않았다. 만약 이 거룩한 것을 담는 그릇이 더러우면 그릇에 담긴 것도 함께 더러워질 것이 분명하니 아예 버려 버리고 새로운 그릇, 그것도 한 번도 쓰지 않은 그릇을 사용해야 했다. 적어도 이스라엘에서 그릇 재활용은 보기 드물다.

그릇뿐만 아니라 유대 아버지의 의복도 켈리라 불렀다. 이 의복도 성결하고 순수하게 유지하도록 교육했기 때문에 실을 섞어 쓴 옷을 입는 것은 꿈도 꿀 수 없었다. 이스라엘 사람들이 지금도 단색 계통의 옷을 즐겨입는 것은 다 이런 연유에서다.

> 양 털과 베 실로 섞어 짠 것을 입지 말지니라 (「신명기」 22장 11절)

「레위기」 19장 19절에도 비슷한 내용이 나온다.

> 너희는 내 규례를 지킬지어다 네 가축을 다른 종류와 교미시키지 말며 네 밭에 두 종자를 섞어 뿌리지 말며 두 재료로 직조한 옷을 입지 말지며 (「레위기」 19장 19절)

유대 사회에서 무엇인가 섞어 쓴다는 것은 성경적으로 토라의 금지령에 해당하지만 현대 사회에서 이를 모두 적용하기는 어려운 것이 사실이다. 그런데도 유대 부모들은 최선을 다해 섞어 쓰기를 저지하려고 애쓴다.

코셔의 엄격한 율법 집행

유대인 엄마들은 장보기에 특별한 신경을 쓴다. 재료와 요리, 의복 하나하나에 엄격한 율법의 금지 규정이 있기 때문이다.

코셔Kosher 는 유대교의 식사에 관련된 율법 카샤룻kashrut에 의해 먹기 합당한 음식으로 결정된 것을 의미한다. 이 금지 율법은 토라에 자세히 나와 있다. 먹기에 합당한 음식과 그렇지 않은 음식을 철저히 구분하는 것을 골자로 한다. 이 율법은 특정 음식이 코셔에 해당하는지와 음식의 혼합, 먹는 순서의 금기와 허용에 대해서도 매우 세세하게 규정하고 있다.

채소와 과일은 「창세기」 1장 29절에 근거해 모두 코셔에 해당하며 누구나 먹을 수 있다. 그럼에도 유대인들은 철저히 유기농 채소를 우선시한다.

이 채소나 과일은 유제품이나 육류 중 어느 하나와 섞어 먹어도 무방하다. 하지만 유제품과 육류를 섞어 먹으면 안 된다. 예를 들어 햄버거를 먹으면서 우유를 같이 먹지 못하는 것이다.

어류는 지느러미와 비늘이 있어야 코셔이기 때문에 오징어와 문어는 금지다. 새우, 굴 등의 갑각류도 안 된다. 조류는 닭과 집오리가 가능하고, 칠면조도 된다. 하지만 야생조류와 독수리·매 등의 육식성 조류는 코셔가 아니다. 이처럼 복잡하고 까다로운 음식 섭취를 왜 하는지 궁금해 하면 유대인들은 이렇게 말한다.

"야훼 하나님이 아니라고 한 음식을 즐길 수는 없으니까요."

요즘은 코셔 음식을 건강식품이라고 여겨 코셔를 즐겨 먹는 비유대인 사람들이 크게 늘고 있다고 한다. 식품 전문가들은 대체로 코셔로 분류된 음식이 알레르기가 적고 식중독의 위험성이 낮은 유익한 식품이라는 데 의견을 같이 하고 있다.

이 때문에 유대인 정통 마을 출신의 자녀는 비유대인인 친구 집에 놀러갔을 때 비유대인 가정의 음식을 먹을 수가 없기 때문에 아주 어리더라도 자기 집에서 샌드위치를 만들어와서 먹는다. 미국에 사는 정통 기독교도들도 이 원칙을 철저히 지킨다.

사실 이 얼마나 불편하고 거추장스러운 일인가? 그러면서도 이들은 고집스레 자신들의 유대 전통을 철저히 지켜왔다. 이는 유대의 정결의식과 맞닿아 있고, 이렇게 준비하고 절제하는 자세로 신에게 나아가야 한다고 믿기 때문이다.

유대 부모들은 자녀들에게 안식일이나 회당에 나갈 때 가장 깨끗한 옷으로 갈아입고 나가도록 가르쳐왔고, 2가지 이상의 재료로 만든 옷도 기피하도록 가르쳐왔다. 신 앞에 나가는 가장 기본적인 자세가 의복에서 시작된다고 믿었기 때문이다.

의복을 거룩하게 하고 도구와 그릇을 깨끗하게 하는 것은 유대인의 기본적 의무다. 따라서 친구집에 갔을 때 그 집 음식을 담는 그릇이 새 것이 아니면 그날 음식이 코셔라고 해도 먹을 수 없다. 접시나 그릇이 남이 쓴 것이라 사용이 불가하기 때문이다. 토라의 「민수기」 성경은 이렇게 기록되어 있다.

> 모든 의복과 가죽으로 만든 모든 것과 염소털로 만든 모든 것과
> 나무로 만든 모든 것을 다 깨끗하게 할지니라
> 제사장 엘르아살이 싸움에 나갔던 군인들에게 이르되 이는 여호
> 와께서 모세에게 명령하신 율법이니라
> 금, 은, 동, 철과 주석과 납 등의
> 불에 견딜 만한 모든 물건은 불을 지나게 하라 그리하면 깨끗하
> 려니와 다만 정결하게 하는 물로 그것을 깨끗하게 할 것이며 불
> 에 견디지 못할 모든 것은 물을 지나게 할 것이니라
>
> (「민수기」 31장 20~23절)

유대 부모들은 왜 이렇게 더러운 것을 옷에 묻히거나, 도구나 그릇 등을 더럽게 만드는 갖가지 행위들에 대해 단호하게 멀리하도록 가르쳐왔을까? 그것은 성경의 가르침이기도 하지만 무수히 많은 이방 민족 가운데 스스로를 구별해 독립성과 정체성을 지켜내야 하는 절박함이 있었기 때문이었다. 그렇게 수천 년간 자신들만의 정체성을 유지해왔기에 집시보다도 못하다고 구박받던 유대인 공동체가 오늘날의 이스라엘 독립국으로 다시 탄생할 수 있었던 것이다.

유대인 엄마는 아주 어린 자녀들에게 이 전통을 가르치며 몸에 익히도록 교훈을 주고 전통을 전해왔다. 이 때문에 자녀들은 성년이 되어도 이런 전통에 조금도 불편함을 느끼지 않고 당연하게 여기며 산다.

5
자녀의 자존감을
높이는 교육

자녀를 비교하지 말고 무시하지도 말라. 자녀는 자녀의 삶을 살기 위해 태어난 것이다.
| 유대 속담 |

우리 주변에는 자존감이 낮아서 고민에 빠져 있는 자녀들이 많다. 이는 대부분 칭찬을 자주 듣지 못했거나 혹은 부모의 지나친 간섭이 낳은 결과다. 또는 형제나 자매끼리 자주 비교당했던 아이들에게서 나타나는 반응이다.

필자가 아는 한 청년은 잘생겼고 활동적이며 명랑하다. 그런데 대인관계는 의외로 평탄하지 않다. 그는 자신이 회사 안에서 일적으로 남들에게 당연히 요구할 수 있는 서류도 사정사정해서 받는다. 감사실에 근무하는 이 청년의 주 업무는 다른 부서가 무슨 일을 하는지, 그 일을 왜 하는지, 회사 사규에 맞게 매뉴얼대로 일을 잘하고 있는지 등을 물어보고 답변 자료를 받는 것이다.

그런데 그는 그 업무를 너무나 힘들어했다. 남들에게 자신이 원하는 것을 말하는 것이 마치 폐를 끼치는 것 같고 미안한 일 같아서 이 일을 하는 것이 힘들다는 것이다. 이 청년은 왜 이런 마음을 갖는 걸까? 그 이유는 바로 자존감이 낮기 때문이다.

결과만 보고 함부로 칭찬하지 않는다

부모들은 자신의 자녀가 시험이나 학업, 운동 등에서 좋은 성적을 내면 칭찬을 아끼지 않는다.

"아이구, 잘했구나! 뭐 사줄까?"

그러나 자녀가 무언가를 못했을 때는 어떤가?

한 학생이 필자에게 상담을 와서 이런 이야기를 했다.

"우리 엄마는 잘한 것보다는 못한 것만 보고 맨날 야단을 쳐요. 그래서 공부가 너무 하기 싫어졌어요! 어떻게 하면 좋을까요?"

이 학생은 영어는 잘하는데 국어 성적은 항상 평균 이하였다. 그러니 이 엄마는 자녀가 국어도 영어처럼 잘하길 바라는 마음에서 잔소리를 한 것이겠지만 학생은 그것이 못내 속상했던 것이다.

"영어는 참 잘 했네… 이번 학기에 애썼다. 엄마가 용돈 좀 올려줄게. 그런데 국어는 좀 떨어졌구나. 다음에는 한 10점쯤 더 올려보자. 국어 10점 더 올리면 너 좋아하는 놀이공원 보내줄게!"

이렇게 말하면 좀더 자녀에게 동기가 부여되지 않을까? 또 다른 아이는 이렇게 하소연한다.

"제 동생이 미워죽겠어요. 걔는 공부를 진짜 잘해요. 내가 아무리 해도 따라갈 수 없는데 아빠는 매일 '동생보다 못한 놈'이라고 야단쳐요. 엄마도 '넌 동생만큼 못하니까 밥도 덜 먹어!' 하면서 나를 구박해요. 너무 속상해서 집에 안 들어가고 싶어요."

우리의 현실이다. 사실 부모가 칭찬해주거나 자랑할 일이 없을 정도로 공부나 운동에 재주가 없는 자녀들이 있다. 그런데 부모들은 자기 자식에게 전부 재주가 있을 거라고 믿어 잔소리를 하는 것이다.

하지만 유대인 엄마는 좀 다르다. 유대인 엄마는 성경에서 배운 대로 자녀들을 가르치고 그것을 대대로 전하게 가르친다.

> 이 일을 너희 자녀들에게 일러라. 자녀들은 또 그 자녀들에게 그 자녀들은 또 그 다음 세대에 이르게 하라 (「요엘」 1장 3절)

물론 유대 부모들도 잔소리를 하고, 징계도 가한다. 유대 사회에서는 체벌을 당연한 일로 여긴다. 체벌이야말로 자녀를 효과적으로 교육하는 지름길이라고 믿기 때문이다. 그러나 채찍인 체벌과 당근인 칭찬을 함께 활용한다. 성경에 그 이야기가 나와 있다.

> 도가니로 은을, 풀무로 금을, 칭찬으로 사람을 단련하느니라
> (「잠언」 27장 21절)

칭찬으로 사람을 단련한다는 말은 자녀에게 무조건 칭찬만 해주라는 이야기가 결코 아니다. 『탈무드』에는 이와 관련한 이야기가 전해온다.

어린 아들이 학교에서 남을 도와주고 상을 받았다. 어머니는 무엇을 도와주었느냐고 물었다.

"친구와 놀고 있었는데 친구가 갑자기 다리를 다쳐 제가 부축해주었어요."

"아, 잘했구나. 그런데 그 친구는 왜 다친 거니?"

"저랑 술래잡기를 하고 있었는데 제가 학교 뒷산 바위 위에 올라가 있는 걸 보고 따라오다가 떨어졌어요."

"그래? 그럼 네 잘못도 있었네? 네가 위험한 곳에 가 있어서 그 아이가 다친 거잖니. 다음부턴 조심해서 그런 일이 절대로 없도록 해라."

칭찬할 것은 칭찬해주고 따질 것은 철저히 따지는 것이 유대인 엄마들이다. 결과만 놓고 함부로 칭찬을 해주다가는 자녀의 버릇이 나빠질 수도 있다.

유대 사회는 개인주의와 집단주의가 강하게 결부되어 있다. 그렇기 때문에 유대인 엄마들은 남에게 민폐를 끼치는 일은 절대 하지 않도록 가르친다.

늘 사랑과 자존감을 가르친다

유대인 엄마들은 나름대로 하브루타식의 대화 토론법을 가정에서 적용하는데, 주로 자존감을 높여주는 수단으로 활용한다. 그저 칭찬만 하는 것이 아니라 계속해서 말을 시켜보고 생각을 들어보려고 애를 쓴다. 그 진지함과 꾸준함은 놀랄 만하다.

유대인 엄마들은 칭찬뿐 아니라 꾸중도 함부로 하지 않는다. 유대인 엄마나 아버지는 자녀가 잘못을 했을 때에만 야단친다. 누구는 안 그런가 하겠지만 그 기준이 우리와 다르다. 유대인들은 어린 자녀를 꾸짖어야 할 때 자녀가 선한 일을 했는가 악한 일을 했는가에 기준을 두고 있다. 특히 선과 악의 기준을 사람의 도덕 기준으로 보는 것이 아니라 야훼 하나님의 신앙적 기준으로 판단하는 것이다.

자녀가 남에게 사랑을 베풀고 친절한 행동을 할 때는 그 어느 때보다 크게 칭찬해준다. 하지만 야훼 하나님이 싫어하는 일, 즉 십계명을 어기거나 남에게 해를 끼치는 일을 할 때는 엄하게 야단을 친다.

그러면서 늘 자녀의 자존감을 세워주기 위해 애를 쓴다. 특히 유대인 가정들은 자녀들 스스로가 자신들을 '하나님이 창조한 선한 창조물이므로 마땅히 자랑할 만하다'라고 생각하도록 가르친다. 유대인의 자존감 세우기 방법은 좀 독특한데, 아래의 대화는 정말로 인상적이다.

"애들아, 야훼 하나님께서 이 세상을 창조하실 때 사람을 왜 마지막에 창조하셨는지 아니?"

"사람이 살기 편하라고요."

"사람이 제일 소중하니까요."

"그래 맞았어. 창조물 가운데 사람이 가장 소중하기 때문이란다. 그렇다면 그 많은 사람 중에 어느 민족이 가장 소중할까?"

"그거야 유대인이죠. 하나님께서 우리 유대인을 선민選民으로 택하셨잖아요."

"맞아. 그러면 하나님께서 왜 너희를 내 품에 보내주셨을까?"

"아빠 엄마가 우리를 사랑하실 거라고 믿고 보내셨을 거예요."

"그렇단다. 이 세상에서 사람이 가장 소중하고, 그 중에서도 유대 민족이 가장 소중하며, 너희 둘이 유대 민족 중에서 내게 가장 소중한 존재란다. 그러니 부모님을 자랑스러워하고, 너희 자신들을 자랑스러워해야 해!"

이런 간단한 문답을 통해 신앙을 가르치고, 한 사람 한 사람이 얼마나 소중한 존재인지를 스스로 깨닫게 해주는 것이다. 물론 이런 선민의식 때문에 세계 곳곳에서 미운털이 박혔지만 이런 강한 긍지야말로 유대인들을 하나로 묶어가는 중요한 동기가 된다.

또한 유대인 엄마는 자녀들에게 이런 교훈을 만들어 벽에 붙여두고 읽게 한다.

• 스스로의 힘으로 안되는 것에 대해 걱정하지 말라.

• 양심에 따라 행동했으면 조금도 후회하지 말라.

• 자신을 사랑하지 못하면 남도 사랑하지 못한다.

- 내 탓도 하지 말고, 남의 탓도 하지 말라. 어차피 일어날 일은 일어나기 마련이다.
- 남 때문에 벌어진 일을 나 때문이라고 탓하는 자는 가장 어리석은 자다.

또 자녀들에게 교만하지 말라고 이런 교훈도 벽에 붙여둔다.

- 배우면 배울수록 낮아지게 된다.
- 교육이라는 것은 배우면 배울수록 무지함을 알게 되는것이다.
- 실천이 뒤따르지 않는 지혜는 아무런 열매가 없다.
- 돈을 사랑하는 자에게는 만족함이 없다.
- 이 순간만 피하자고 나서면 다음 순간에 또 피할 것이 찾아온다.
- 사람이 하는 거짓말에 3가지가 있다. 하나는 네가 한 거짓말, 둘째는 네가 한 진짜 거짓말, 셋째는 여기저기서 네가 들은 통계들이다. 그러니 입을 다물면 거짓이 줄어든다.

훈육과 학대를
구별한다

자녀들을 엄하게 가르쳐야 한다.
그러나 두려워하게 만들지 말라. 자녀는 자녀일 뿐이다.
| 유대 속담 |

『탈무드』에는 "오른손으로 벌을 주었으면, 왼손으로 안아주라"라는 격언이 있다. 채찍과 당근을 효율적으로 활용하라는 이야기다.

우리나라는 이제 학교에서 체벌이 없어졌다. 그 대신 벌점으로 아이들을 관리한다. 벌점이 20점 이상이면 상벌위원회 같은 징계위원회가 열린다. 그러면 벌점을 많이 받은 아이들만 따로 교화교육을 받으러 가는데, 문제는 이런 아이들이 교화교육을 받으러 가서 더 나쁜 아이들을 만나게 되고 전보다 더 안 좋은 방향으로 간다는 것이다.

그래서 교화는커녕 오히려 더 나쁜 짓을 배우기도 하고, 급기야는 학교안에서만 문제를 일으키던 수준에서 다른 학교 학생과 교류를 하면서 더 악화되는 사태까지 이르기도 한다. 그리고 교사는 자신이 책임지고 처리해야 할 일을 법대로 하자며 문제를 더 크게 키운다.

따끔한 야단과 손바닥 몇 대면 끝날 일을 학교폭력대책위원회를 열어 문제를 확대시키는 것이다. 이 위원회가 열리면 다 잘될 것 같지만 이런 곳에선 논리적으로 말 잘하는 사람이나 큰소리 내는 사람이 늘 유리한 위치를 점하는 법이다.

자식을 때려서 가르치는 유대 전통

앞에서도 이야기했지만 유대 부모는 일반적으로 자녀를 때려서 훈육한다. 물론 무분별한 체벌은 아니다. 필자는 이 때문에 체벌을 부활시키자는 쪽에 한 표를 던진다. 문제를 담임과 학생 사이에서 끝내자는 것이다. 아이들을 학교에만 무조건 맡겨두거나 학원에만 맡겨 두는 지금의 지도 방식은 앞으로 분명 심각한 문제를 낳게 될 것이다.

이 문제는 학교 폭력과 말썽쟁이 학생 양산에 대한 우려를 낳고 있고, 공부는 잘하지만 사회성은 빈약한 기형적 우등생을 낳을 우려를 동시에 내포하고 있다. 물론 가정이 자녀교육을 포기한 채 학교에만 맡기는 이런 풍조 아래서 아이들 문제의 책임을 학교에만 전가한다는 것은 어불성설이다.

이에 반해 유대 사회는 우리와 아주 다르다. 유대 사회의 오랜 전통 가운데 하나는 자식을 때려서 가르치는 것이다.

매를 아끼는 자는 그의 자식을 미워함이라 자식을 사랑하는 자는

근실히 징계하느니라 (「잠언」 13장 24절)

아이를 훈계하지 아니하려고 하지 말라 채찍으로 그를 때릴지라

도 그가 죽지 아니하리라 (「잠언」 23장 13절)

채찍과 꾸지람이 지혜를 주거늘 임의로 행하게 버려 둔 자식은 어

미를 욕되게 하느니라 (「잠언」 29장15절)

이처럼 토라는 유대 부모에게 자식을 가르침에 있어 매를 아끼지 말라고 역설한다. 실제 유대인 가정을 살펴보면 아이들마다 때리는 매를 따로 정해 두는 집안이 있는가 하면, 매를 드는 것은 잔혹하다면서 손바닥으로 엉덩이를 때리는 정도로만 아이들을 훈계하는 집안도 있다.

유대 사회가 자녀교육에 대해 좀더 엄격한 이유는 아이들이 크는 환경이 선진국과 다르고, 우리나라와도 크게 다르기 때문이다. 여기에는 키부츠의 역할도 한몫했다. 키부츠^{kibbutz}는 이스라엘만의 독특한 국가적 교육 공동체로 '집단노동·공동소유'라는 사회주의적 생활방식을 고수한다. 이스라엘의 자랑으로 평가받아온 집단농장 시스템이라 할 수 있다.

키부츠는 자발적인 공동소유제를 채택하고 공동교육·공동소유·공동식사 등의 운영시스템을 구축했기 때문에 현금도 필요 없고, 개인 은행계좌도 필요 없는 경우가 많았다. 국가 독립 반세기의 이스라

엘이 오늘날의 강국으로 발전한 데는 이러한 키부츠의 희생과 봉사 정신을 빼놓을 수 없다. 또한 키부츠는 이스라엘의 중요 지도자들을 배출한 산실이기도 하다.

이스라엘의 일부 부모들은 이같은 키부츠에 어릴 적부터 자녀를 위탁해 교육하도록 했다. 키부츠에서는 독특한 육아법이 실시되고 있으며, 아이들의 뒷바라지는 주로 부모가 아니라 '메타페레트'라고 불리는 훈련받은 여성이 맡는다. 따라서 아이들은 부모의 집에서가 아니라 '어린이집'에서 공동생활을 하며 집단교육을 받는다.

키부츠에 맡겨진 아이들은 의식주 일체를 공동체와 함께한다. 특히 키부츠 선생님들은 수업중에 떠들거나 수업을 방해하는 아이들을 체벌하고 교실 밖으로 쫓아낸다. 이를 통해 아이들은 다른 사람을 배려하는 법을 배우고, 함께 살아가는 데 필요한 협동심과 사회성을 몸에 익히는 것이다.

수업은 하브루타식으로 진행되기도 하고, 현장에서 농사를 짓거나 건축을 배우기도 한다. 기숙사에 사는 아이들은 청소부터 취식, 단독 탐험, 역사교육, 농사짓기, 과학 실험까지 다양한 주제로 학습 활동을 하게 된다. 즉 키부츠에서 아이들은 전문교사의 지도 아래 이스라엘의 미래를 책임질 희망으로 성장하는 것이다.

최근에는 키부츠의 명성이 많이 쇠퇴하고 지원자도 크게 줄었다고 한다. 그렇다 하더라도 키부츠가 이스라엘 국가 탄생에 상당부분 기여했음은 부인할 수 없는 사실이다. 이 때문에 키부츠는 요즘 공동체 교육의 모델이 되어 전 세계 각국의 젊은이들이 견학하는 관광 및 체험학습 코스로 변해가고 있다.

물론 유대인 가정 중에는 키부츠에 의지하지 않고 가정교육으로 아이들을 가르치는 부모도 있다. 이 경우 유대인 부모는 때리는 것에만 의존하지 않고 자녀를 훈육하고 징계한 후 반드시 자녀를 포용하고 꺼안아준다. 채찍과 당근을 함께 사용하는 것이다.

『탈무드』에는 매로 때린다고 해서 아이를 고치지는 못하지만 때리고 나서 아이를 재운 후 울며 기도하면 자녀를 올바르게 지도할 수 있다는 이야기가 있다. 훈육의 강약을 잘 조절하는 것은 자녀교육에서 그만큼 중요한 일인 것이다.

7

모든 권위는
위로부터 아래로

권세 있는 자에게 굴복하라.
하늘로부터 내려오는 권세에는 절대 복종하라.
| 유대 속담 |

권위와 질서로 이루어진 유대인 가정 안에는 아버지가 있고, 그와 협조하는 엄마가 있다. 유대인 사회는 전통적으로 권위를 중시해왔다. 이 권위의 위계를 도식화하면 '야훼 하나님〉토라〉탈무드〉랍비〉아버지〉맏아들' 순으로 나타낼 수 있지만 사실 가정의 주요 결정권에 엄마가 깊이 관여하기 때문에 질서상으로 아버지 앞에 엄마가 있다고 말할 정도로 엄마의 파워가 강하다. 이것은 우리나라도 마찬가지다.

야훼 하나님은 유대인의 유일한 신이니 맨 위가 당연하고, 토라는 「창세기」「출애굽기」「레위기」「민수기」「신명기」, 즉 모세가 쓴 오경으로 하나님의 말씀을 담았기에 야훼 하나님의 바로 아래에 위치한다. 『탈무드』는 성경을 바탕에 둔 삶의 지혜와 해석, 실제 적용이 가능한 처세법, 우화 등을 담은 교훈집이다.

이어 동네마다 마을마다 신앙과 삶의 처세를 지도해온 멘토가 랍비이며, 이 랍비의 지도를 받은 자가 바로 가정의 가장들이다. 마지막으로 가장인 아버지의 지도는 다시 맏아들 장자들에게 전해진다.

유대 공동체 사회가 건설된 이래로 유대인들은 이 전통과 권위를 깨지 않은 채 철저히 지켜왔다. '위에서 아래로'라는 질서의 법칙은 남자와 여자 사이에도, 부모와 자식 간에도, 부부 간에도 적용되며, 기업과 학교에서도 그대로 적용된다.

질서를 중시하도록 가르친다

600만 명으로 1억 명이 넘는 아랍인들과 싸워야 하는 절대적으로 불리한 환경에서도, 유대인들은 그들끼리 똘똘 뭉쳐 이스라엘을 지켰다. 나아가 작은 땅덩어리를 키워 지중해와 인도양을 잇는 영토로까지 확장했다. 이 힘은 모두 권위를 중시한 사회분위기를 철저히 지켜온 데서 비롯된 것이다.

유대인들은 중근동에서 팔레스타인을 밀어내고 자신들의 영역을 지켜왔다. 또한 유럽과 미주 지역의 오피니언 리더를 독차지하면서 세계의 여론과 경제를 주름잡게 된 민족 역시 유대인이다. 물론 많은 비판과 비난을 받고 있지만 그것이 유대인의 탁월한 단결력과 우수성을 부정하진 못한다.

유대인은 바로 이런 민족이다. 유대 민족의 우수성은 유대 가정에서 시작되었다. 유대인의 모든 것은 가정에서 시작된 것이다.

우리나라에는 아버지다운 아버지, 어머니다운 어머니가 별로 없고, 있어도 없는 것과 마찬가지다. 이것은 서구 사회에서도 공통적으로 나타나는 현상이기도 하다. 하지만 유대인 사회에서는 부모의 권위가 아직은 절대적이다.

유대인의 이런 전통을 엿볼 수 있는 문헌이 『신약성경』에 나타난다. 아래의 인용문은 서기 60년경에 사도 바울이 기록한 『신약성경』 로마서의 일부분이다. 사도 바울은 순수 유대인이자 로마 타루소스성의 시민권자였으며, 랍비인 가말리엘 문하에서 배운 석학이었다. 우리나라에 빗대자면 서울대학교 대학원 박사 출신 정도인 것이다. 그가 전한 권위에 대한 기록이다.

각 사람은 위에 있는 권세들에게 복종하라 권세는 하나님으로부터 나지 않음이 없나니 모든 권세는 다 하나님께서 정하신바라 그러므로 권세를 거스르는 자는 하나님의 명을 거스름이니 거스르는 자들은 심판을 자취하리라 다스리는 자들은 선한 일에 대해 두려움이 되지 않고 악한 일에 대해 되나니 네가 권세를 두려워하지 아니하려느냐 선을 행하라 그리하면 그에게 칭찬을 받으리라 (「로마서」 13장 1~3절)

이처럼 권위를 중요시하는 가장 좁은 의미에서의 공동체가 바로 가정이다. 그러므로 가정은 아버지의 절대적인 권위 아래 존재하는 것이다.

어디까지 복종할 것인가?

유대인 엄마는 자녀에게 아버지, 랍비, 공동체 지도자, 나아가 정치 지도자들에게 복종을 가르친다. 그러나 최근에는 이 교육이 젊은 이들에게 먹혀들지 않아 유대 사회도 많은 갈등 요인을 낳고 있다. 그럼에도 먼저 질서를 가르친다. 아버지, 어머니, 장남, 차남순으로 모든 것을 서열화해 절대 순종하도록 가르친다. 그러므로 유대인 문화는 질서 우선 문화라고 정의할 수 있다.

그런데 질서상 먼저라는 것이지 이 질서로 인해 차별적이거나 차등적이지 않다는 것이 중요하다. 유대인 가정이 고리타분하다거나, 자녀들이 아무 말도 하지 못하고 살아야 할 정도로 지나치게 권위적인 것도 아니다. 오히려 훨씬 개방적이고 소통적이다. '소통적'이란 말은 어법상으론 틀린 말이지만 이 말밖에 달리 표현할 수 없다. 전통적인 유대 가정에서는 세계 여느 가정보다 대화와 소통이 자주 이루어지고 있다.

유대 가정을 들여다보면 가족들이 쓰는 수저, 수건, 칫솔, 연필 등 생필품조차 서열화해 구분해두었음을 금방 알아차릴 수 있다. 이름이 쓰여 있는 경우도 있고, 색깔로 구분되어 있기도 한데, 어느 것 하나 서로를 침범하는 일이 없다.

유대 아버지는 가문을 중시하고, 혈연과 뿌리를 철저히 가르친다. 그래서 유대 아버지의 핏줄 교육은 지나치리만큼 철저하다. 그렇다고 자녀의 위치가 무시되는 것은 아니다. 오히려 자녀의 위치는 더 철저하게 보호되고 존중된다. 이런 서열화로 인한 불편함이 존재하기 때문에 자녀들이 불평하고 심지어 개선을 요구하기도 하지만 이에 굴하지 않고 질서를 가르치는 것이 유대 전통이다.

유대 아버지들은 자녀가 엄마에게 절대 복종하도록 가르친다. 아이가 커가면서 축복을 받는 것이 아니라 엄마의 태중에서와 태어날 때부터도 이미 축복받은 존재로 태어나기 때문에 엄마의 영적인 능력을 소중하게 여기도록 가르치고 있다. 그러므로 엄마의 역할이 항상 존중되도록 교육한다.

태아가 엄마의 태중에 있을 때부터 하나님이 천사를 보내 보호한다는 것은 유대 신앙의 기본이다. 그래서 유대 사회에선 태교가 가장 중요하다고 믿는다. 또 자녀가 태어나는 것은 큰 축복이요, 자녀가 없는 것은 저주라고 여겼으며, 자녀 하나하나가 하나님 앞에서 너무도 고귀하고 귀중한 존재라고 생각했다.

다음 인용문은 「시편」 139장 13~16절에 나와 있는 성경 말씀이다. 유대인의 자녀 출산 과정에 대한 신앙적 논리를 자세하게 정리해 놓고 있다.

주께서 내 내장을 지으시며 나의 모태에서 나를 만드셨나이다

내가 주께 감사하옴은 나를 지으심이 심히 기묘하심이라 주께서

하시는 일이 기이함을 내 영혼이 잘 아나이다

내가 은밀한 데서 지음을 받고 땅의 깊은 곳에서 기이하게 지음을

받은 때에 나의 형체가 주의 앞에 숨겨지지 못했나이다

내 형질이 이루어지기 전에 주의 눈이 보셨으며 나를 위해 정한 날

이 하루도 되기 전에 주의 책에 다 기록이 되었나이다

(「시편」 139장 13~16절)

마치 집 짓는 이가 자신이 설계한 집이 어떻게 건축되었는지를 설명하듯 하나님의 설계로 태어난 자식의 출생과정을 설명하고 있다. 또한 여기에 하나님의 축복과 간섭이 어떻게 이루어졌는지도 말하고 있다.

야훼 하나님이 모든 자녀에 대해 이미 설계도를 가지고 있으며 그 계획대로 쓴다함은 부모에게 있어 자녀에 대한 사랑이 더 깊게 발전하는 근거가 된다.

그러므로 유대 부모는 자녀의 출생일부터 세례받는 날, 성인식, 입학식, 입대하는 날, 결혼식 등 모든 중요한 행사 일정을 기록해두고 하나님의 축복을 기도한다.

식탁에서 자녀를 축복한다

유대 민족은 아예 축복해주는 시간이 정해져있다. 안식일에 양초를 점화한 후 또는 안식일 식사를 하기 직전에 아버지가 식탁에서 자녀를 축복하는 것은 유대 아버지의 전통적인 관습이며 권한이기도 하다. 이 풍습은 『구약성경』 토라에서 유래된 것이다.

아브라함의 아들 이삭, 손자 야곱은 자식들을 축복하는 것을 게을리 하지 않았다. 야곱(후에 이스라엘로 이름이 바뀌었다)이 11번째 아들 요셉과 그의 아들들 에브라임과 므낫세를 축복하는 모습이 나와 있다.

그가 요셉을 위해 축복하여 가로되 내 조부 아브라함과 아버지 이삭이 섬기던 하나님, 나의 출생으로부터 지금까지 나를 기르신 하나님,
나를 모든 환난에서 건지신 여호와의 사자께서 이 아이들에게 복을 주시오며 이들로 내 이름과 내 조상 아브라함과 이삭의 이름으로 칭하게 하시오며 이들이 세상에서 번식되게 하시기를 원하나이다 (『창세기』 48장 15~16절)

이 모범적 사례를 그대로 따라 유대인 아버지는 자녀를 위해 그들의 이마에 입을 맞춘 후 손을 잡고 이렇게 기도한다.

"야훼 하나님, 저희 아들이 에브라임과 므낫세*같이 되도록 복을 내려주소서."

딸아이인 경우에는 성경에 등장하는 여성처럼 되기를 기도한다.

"야훼 하나님, 저희 딸이 사라와 리브가, 라헬, 레아와 같이 되게 하소서."

이 부분에서 유대인 엄마의 역할이 등장한다. 유대 여성 영웅들의 히스토리를 소개하며 가르치는 것이다. 예를 들자면 사라는 아브라함의 아내로 현숙함의 원조라고 말한다. 리브가는 이삭의 아내로 지혜로운 여성이다. 라헬은 야곱이 가장 사랑한 아내로 사랑스러운 여인이고, 레아는 야곱의 첫 번째 아내로 많은 자녀를 생산한 풍요로움의 원조라고 할 수 있다. 이 모든 축복이 자식들에게 전해지기를 간절히 바라며 유대 아버지는 자식들을 위해 이런 기도를 드리는 것이다.

유대인은 모든 복의 권한이 야훼 하나님에게서 나온다고 믿어 왔다. 그리고 그 복의 통로가 각기 가정의 아버지로 이어진다고 생각한다. 그래서 아버지가 축복하면 자녀들에게 전달되고, 아버지가 저주하면 축복이 사라진다고 믿는다.

그 옛날 성경 「창세기」 족장 시대에 이삭 족장의 쌍둥이 둘째 아들 야곱이 형 에서와 아버지를 속이고 장자의 축복권을 받은 적이 있었다. 나중에 속은 것을 안 에서가 아버지에게 달려가 다음과 같이 요구한다. 「창세기」 27장 34~41절 부분을 살펴보자.

● 이 두 형제의 아버지는 야곱의 아들 요셉 족장이다. 어려서 노예로 팔려나갔지만 이집트에서 총리가 되어 자신의 가족을 기근과 흉년에서 살려낸 위대한 족장이다. 그의 두 아들은 각 지파의 우두머리가 되었기에 이들을 축복의 형제라 부른다.

에서가 그의 아버지의 말을 듣고 소리 내어 울며 아버지에게 이르되 내 아버지여 내게 축복하소서 내게도 그리하소서

이삭이 이르되 네 아우가 와서 속여 네 복을 빼앗았도다

에서가 이르되 그의 이름을 야곱이라 함이 합당하지 아니하니 이까 그가 나를 속임이 이것이 두 번째니이다 전에는 나의 장자의 명분을 빼앗고 이제는 내 복을 빼앗았나이다 또 이르되 아버지께서 나를 위해 빌 복을 남기지 아니하셨나이까

이삭이 에서에게 대답해 이르되 내가 그를 너의 주로 세우고 그의 모든 형제를 내가 그에게 종으로 주었으며 곡식과 포도주를 그에게 주었으니 내 아들아 내가 네게 무엇을 할 수 있으랴

에서가 아버지에게 이르되 내 아버지여 아버지가 빌 복이 이 하나뿐이리이까 내 아버지여 내게 축복하소서 내게도 그리하소서 하고 소리를 높여 우니

그 아버지 이삭이 그에게 대답해 이르되 네 주소는 땅의 기름짐에서 멀고 내리는 하늘 이슬에서 멀 것이며

너는 칼을 믿고 생활하겠고 네 아우를 섬길 것이며 네가 매임을 벗을 때에는 그 멍에를 네 목에서 떨쳐버리리라 했더라

그의 아버지가 야곱에게 축복한 그 축복으로 말미암아 에서가 야곱을 미워해 심중에 이르기를 아버지를 곡할 때가 가까웠은즉 내가 내 아우 야곱을 죽이리라 했더니 (「창세기」 27장 34~41절)

이처럼 유대인 부모의 축복권은 아버지로부터 대대로 내려간다고 굳게 믿어왔고, 그 축복권을 행사할 수 있음에 정말 감사하며 살아간다. 그러니 아버지들의 축복권을 거스르려 하지 않는 유대인 자녀들이 많다는 것은 너무도 당연한 일일 것이다.

유대인은 과연 어떤 민족인가?

유대 관습법에 의하면 유대인은 '유대인을 부모로 하거나 유대교도로 개종한 자'라고 정의되어 있다. 유대교가 철저하게 자국민·자민족만을 위한 것처럼 알려져 있지만 오히려 유대교로 개종하려는 이들을 적극 받아들인다. 그러니 핏줄만으로 유대인이라고 말하는 것은 무리가 있다.

현재 이스라엘에서는 이 관습법적 정의에 '타종교로 개종하지 않은 자'라는 조건이 붙어 있다. 이스라엘에 타종교인들이 상당히 많이 유입되어 있기 때문이다. 우리나라의 경우 한국인이 되는 조건으로 종교는 문제삼지 않는다. 귀화인이 되기 위한 시험을 치르고 합격하면 되기 때문에 우리나라와 이스라엘이 귀화에 관해 다른 견해를 가지고 있음을 알 수 있다.

유대인이라는 말은 기원전 722년에 아시리아에 의해 붕괴된 북이스라엘 왕국의 남쪽 국가, 즉 남왕국 유다에서 비롯된 말이다. 원래는 이스라엘이라는 이름의 통일국가였다가 솔로몬 이후 남북국으로 갈라졌다. 그 이전에는 히브리인이라 불렀다. 히브리는 '이브리', 즉 '건너오다'라는 뜻을 원어로 하고 있다. 메소포타미아에서 건너온 족

속이라는 뜻에서 히브리인이 되었던 것이다. 헤브라이즘 문명 자체의 출발이 바로 여기서 시작되었다.

유대인들은 북왕국 이스라엘이 메소포타미아 대국인 아시리아에 멸망당하고 남왕국 유대가 바벨로니아에 멸망당한 후 오랫동안 페르시아, 알렉산더의 헬라 등에 식민지로, 혹은 부분적인 자립국으로 잠시 있다가 서기 70년 로마의 베스파시안과 티투스 장군에게 완전히 멸망당했다. 이후 오랫동안 제대로 된 나라를 가질 수 없었다가 제2차 세계대전 후에 독립의 길이 열렸다. 1947년 11월에 UN의 팔레스타인 분할 결의안이 채택된 것이다. 이듬해 5월 팔레스타인에서 유대인 지도자 다비드 벤구리온David Ben-Gurion은 유대인의 독립국가 이스라엘을 선언해 전 세계를 놀라게 했다. 지금은 이스라엘 본국에 거주하는 유대인과 미국 등 전 세계에 걸쳐 분포한 해외거주 유대인들을 포함하면 약 1,500만 명의 유대인이 살고 있는 것으로 알려져 있다.

유대인은 독립 이전까지 수많은 핍박과 박해를 받았다. 짐시보다 못한 존재로 천대받았으며, 고리대금업 등에 손을 대다보니 수전노와 돈벌레 같은 악한 이미지도 얻었다. 제2차 세계대전 때는 히틀러에 의해 아우슈비츠 수용소 등에서 600만 명이 피살되는 인종 청소의 비극도 겪어야 했다. 그럼에도 불구하고 유대인들은 전 세계 정치·경제계와 문화계를 주름잡는 거물들을 배출하는 등 민족의 우수성을 입증했다. 그래서 많은 사람이 '유대인' 하면 박해의 대상 혹은 선망과 질시의 대상으로 떠올리는 것이다.

유대인 엄마는 아주 어릴 적부터 모국어를 가르치면서 돈과 자본의 생리에 대해 가르치기 시작한다. 유대인이 돈에 대해 일찍 눈 뜨는 이유가 여기에 있다. 신앙적인 것도 포함해 모든 관점을 경제적인 시각으로 살펴보게 만드는 교육이 오늘날 세계의 부자를 탄생하게 한 내력이다. 우리가 배워야 할 것이 있다면 유대인 엄마의 경제에 대한 남다른 교육 태도와 자녀를 대하는 엄격한 자세다.

3장

유대인 엄마의
차이나는 경제교육

돈에 대해 끊임없이 묻고 답한다

부자의 재물은 그의 견고한 성이요 가난한 자의 궁핍은 그의 멸망이니라.
| 잠언 10장 15절 |

유대인 엄마는 경제에 대한 이야기를 어릴 적부터 자주 들추어내며 자식을 가르친다. 그것도 아주 어릴 적부터 말이다.

"아들아, 포도 한 송이에 포도알이 얼마나 달려 있는지 알아맞춰 볼래?"

"하나 둘 셋 넷… 스무 개요."

"다시 세어보렴."

"하나 둘 셋 넷… 스물 한 개요."

"잘했다. 그럼 수고했으니까 포도 한 송이를 선물로 더 주마. 오후 간식으로 먹어라."

"네."

유대인 엄마는 이처럼 철저하게 상을 주되, 틀리면 다시 훈련을 시킨다. 어리므로 틀릴 수 있다고 넘어가는 것이 아니라 반드시 바로잡아주고 상도 내리는 것이다.

자녀가 조금 컸다면 이런 식으로 가르치기 시작한다.

"아들아, 돈을 버는 것이 쉬울까? 쓰는 것이 쉬울까?"

아들은 엄마가 어떤 뜻으로 물었는지를 생각하고는 보통 이렇게 대답한다.

"아무래도 쓰는 게 쉽겠지만 저는 버는 게 쉽다고 생각해요."

"왜 그렇게 생각하니?"

"속담에 '돈을 버는 것은 누구나 나름의 방법을 알고 있지만 돈을 어떻게 쓰는가는 알 수 없다'라는 말이 있기 때문이죠."

"그래? 그렇다면 사람마다 서로 돈에 대해 생각하는 게 다르지 않니? 누구는 어렵게 벌어서 남들에게 기부하고, 누구는 그 돈으로 기업을 일으키고, 또 누구는 그 돈을 낭비하고 탕진해버리지. 이 중에서 누가 맞고 누가 틀린 것이니?"

"음… 마지막에 말씀하신 돈을 탕진해버리는 사람이 분명히 잘못된 것 아닐까요?"

"그래, 그건 맞는 말이다. 앞의 두 사람이 돈을 서로 다른 곳에 쓰는 것은 틀린 것이 아니라 서로 다른 관점에서 돈을 대하기 때문이니 둘 다 틀리다고 볼 수 없단다. 아들아, 사람이 주인이 되어야 한다. 사람이 주인이 되지 않으면 돈이 주인이 된다. 그렇게 되어 돈을 쓰면 그것은 다 틀린 것이다. 창조주 야훼 하나님이 돈을 이 세상에 허락하신 것은 우리가 돈의 주인이 되길 바라신 거란다. 기부하는 사람은 가난한 사람을 우선으로 생각하기 때문이며, 기업을 일으키는 사람은 그것으로 사람을 고용하고 세상을 풍요롭게 하겠다는 생각이 우선이라서 그런 거란다. 만일 저 혼자 잘 먹고 잘 살려고 기업을 하는 이가 있다 해도 야훼 하나님은 그를 이용해 고용을 늘리게 되어 여러 사람이 일할 수 있게 되니 틀렸다고 말하기는 어렵단다."

부자와 창업은 이웃을 먹여 살린다

돈을 벌기 위해 기업을 하는 것 자체는 절대 틀린 것이 아니라는 말이다. 이것이 유대 부모들이 가지고 있는 보편적인 생각이다. 기업을 일으키는 것, 창업을 하는 것에 대해 동기가 어떠하든 이웃에게 도움이 된다면 잘하는 일이고 맞는 일이라고 보는 관대함이 그들에게 있어 세계 최고의 기업가들을 줄줄이 배출해내는 동기가 된 것이다.

유대 젊은이들은 돈을 조금만 모아도 창업을 시도한다. 그것은 유대 부모의 경제교육 때문이다. 창업은 이웃을 돕는 일이라는 인식을 가지도록 부모가 가르친 덕분이다. 이렇게 하나하나 따지며 가르쳐 나가는 것이 유대식 자녀교육 방법이다.

유대 외경 가운데 하나인 「집회서」은 이러한 공동 이익에 관한 유대의 경제관을 잘 드러내주는 문헌이다. 유대 부모들은 돈을 제대로 활용하는 방법을 늘 고민하며 성경대로 가르치고 전해왔다. 다음은 「집회서」에 나오는 경제관념이다.

- 부자가 되려고 이기적으로 구는 사람은 옳지 않다. 구두쇠에게 돈이 무슨 소용이 있겠는가?
- 만약 네가 돈을 벌려고 너 자신을 희생한다면 너는 돈을 다른 사람을 위해 저축하는 것이다. 다른 사람이 사치스럽게 살려고 너 자신의 부를 사용할 것이다.
- 이웃이 도움을 필요로 할 때 그에게 돈을 빌려 주도록 충분히 친절하라. 만약 그를 돕는다면 너는 주님이 명령을 지키고 있는 것이다.
- 돈을 바위 밑에 두어 썩이지 말라. 형제나 친구를 도와줌으로써 돈을 잃는 게 낫다.
- 네가 가난한 자에게 준다는 사실로 너의 부를 헤아려라. 이것이 너의 모든 근심의 종류로부터 너를 구해줄 것이다.

이런 식의 신앙교육을 통한 경제교육이 대대로 이어져 한 가정의 경제관이 되고, 재물에 대한 튼튼한 철학과 사상을 갖게 하는 것이다.

13살에도 창업이
가능한 유대 자녀들

부지런한 자의 손은 사람을 다스리게 되어도 게으른 자는 부림을 받느니라.
| 잠언 12장 24절 |

전 세계를 통틀어 부지런하고 열성적인 부모를 꼽으라면 유대 부모를 능가할 이들이 있을까? "일찍 일어나는 새가 먹이를 더 많이 찾는다"는 이 세계적인 속담을 가장 먼저 적용한 민족을 이야기하라면 필자는 서슴없이 유대 민족, 그것도 유대 부모들에게서 찾을 것이다.

유대인 엄마들은 자녀들이 어릴 때부터 돈을 향해 거침없이 온 열정을 쏟아 부을 수 있도록 가르친다. 즉, 그들은 자녀들을 돈에 관한 '일찍 일어나는 새'로 키우는 것이다.

세계적으로 네덜란드인들은 돈 계산이 빠르기로 소문난 민족이다. 이미 16세기에 전 세계를 항해하면서 해외무역을 할 정도였다. 오죽하면 그들의 계산 방식인 '더치페이'라는 말이 지금도 유행하고 있을까. 그런데 네덜란드인들도 겁을 내는 민족이 있다. "가까이 하지도 말고 섞이지도 말라"라고 외면하는 민족은 바로 유대 민족이다.

전 세계 고리대금업을 석권해버리고 유럽의 재정을 쥐락펴락하며 세계 경제를 흔들어대는 주류 경제의 실세가 바로 유대인들이다. 그들은 왜 그렇게 경제적으로 앞서 가게 되었을까? 그건 바로 유대인들의 독특한 경제 교육관 때문이다.

유대인들은 세계에서 가장 성공한 경제 집단이다. 이 성공의 배경에는 어릴 적부터 시작한 경제관념에 대한 철저한 교육 전통이 있다. 피도 눈물도 없이 돈을 아끼라는 교육은 결국 이들을 성공한 민족으로 만들었다.

아이에게 절대 현금을 주지 않는다

유대인 엄마는 한국의 엄마보다 더 극성스럽다. 그들은 보통 아이가 태어나면 가장 먼저 아이 앞으로 보험증권을 들거나 적금통장을 만들어둔다. 유대인들은 소위 '몰빵'이라고 부르는 집중투자를 싫어하며 3·3·3 원칙을 중시한다(3·3·3 원칙에 대해서는 뒤에서 더 자세히 다룰 예정이다). 그래서 유대 아버지들은 아이에게 통장을 만들어줄 때도 보험증권, 적금통장, 증권통장, 이렇게 3개를 만들어준다는 이야기가 있다.

그리고는 4~5살 생일 때쯤부터 아이에게 돈에 대한 개념을 가르치기 시작한다. 유대 부모가 보험을 바라보는 눈은 우리나라 부모들이 가지는 보험에 대한 인식보다 훨씬 앞서 있다. 그들은 보험을 하나의 보장으로만 보지 않고 최장기 투자의 수단으로 여긴다. 우리가 아는 보험의 목적과는 좀 다르다.

우리나라 사람들은 자녀들에게 돈을 줄 때 현찰로 주는 것에 익숙하다. 아마도 세뱃돈의 전통과 영향 때문이 아닌가 생각된다. 그러나 유대 부모들은 아이에게 절대 현금을 주지 않는다.

우리는 자녀에게 100만 원이 넘는 휴대폰을 졸업 혹은 입학 선물로 사주지만 유대인 부모는 자녀가 어릴 때 100만 원짜리 정기적금 통장을 만들어준다. 그러다 보니 10살쯤 되면 통장에 제법 돈이 쌓이고, 성인식을 하는 13살 무렵에는 외부 친지들로부터 지원금도 받기 때문에 거금을 만지게 된다. 물론 그 통장은 부모의 철저한 통제 아래 있기 때문에 정작 자신은 돈 없는 아이에 불과하다.

유대 부모는 그 대신 자녀들과 함께 이 돈이 다 모이면 무엇을 할 건지 토론한다. 돈이란 실체는 통장에 가둬져서 없지만 그 돈을 가지고 구체적으로 무엇을 할 것인지 고민하는 연습을 미리부터 시키는 것이다. 일찍부터 창업을 할 것인지에 대해 고민하게 되고, 무엇으로 창업할지를 탐색하게 하는 것이다. 우리 교육과정에도 진로지도 과목이 있지만 이들 유대인 가정에서 하는 진로지도야말로 전형적인 진로지도의 샘플이다.

창업해서 실패하면 오히려 더 밀어준다

한 유대 부모와 자녀의 대화를 살펴보자. 유대인 엄마는 안식일 날 TV도 없는 불 꺼진 거실에서 그의 자녀 하나냐에게 묻는다.

"하나냐, 이제 내년이면 18살이 되는구나. 넌 사회에 나가 뭘 하고 싶니? 대학은 어떻게 할 거니?"

"저는 스티븐 스필버그 같은 영화제작자 겸 감독이 될 거예요."

"오호! 그래? 그럼 돈을 많이 모아야겠구나. 공부도 열심히 하고 말이다."

"그래야죠. 대학진학도 할 계획이에요. 군대를 마치고 할리우드로 유학을 떠날 거예요."

"그런 계획이라면 넌 지금 얼마나 돈을 모아야 하는지 아니? 네가 유학까지 마치는 데 얼마나 드는지 계산해보았니?"

"아직 계산해보지 못했어요."

"그럼 이번 안식일에는 그걸 계산해봐라. 내가 네 통장에 들어 있는 자산이 얼마나 되는지, 보험과 증권에 투자된 돈 중에 회수 가능한 금액이 어느 정도 되는지 알아봐주마. 한 주간 연구해보고 다음 주에 또 이야기하자."

마치 투자 컨설팅을 하듯 부모 자식 간에 이런 대화를 나눈다. 돈을 어떻게 쓸 건지 구체적으로 생각하는 연습을 하는 것이다.

한편 유대인 자녀들의 성인식은 그들에게 있어 신앙적·경제적 전환점이라 할 수 있다. 경제 관점에서 성인식을 말하자면 성인식 때는 유대 자녀들에게 많은 돈이 들어온다. 잔치에 참여한 가족과 친척들이 성인식을 하는 자녀들에게 제법 많은 돈을 주고 가기 때문이다. 물론 이것도 현찰보다는 증서 같은 것들이 더 많다.

이때 많게는 수천 만 원에서 수억 원의 축하금을 아이들에게 전해주는 집안도 있다고 한다. 소위 한 밑천 잡는 것이 유대인의 성인식이라는 것이다.

그러면 왜 유대 부모는 자녀에게 이 많은 돈을 미리 주는 것일까? 돈 쓰는 법, 돈 버는 법을 알아야 거친 세상에서 살아가는 법을 배울 수 있기 때문이다. 물론 유대인들 중에 부자가 많아서 그런 탓도 있겠지만, 대부분의 경우 축하해줄 아이들을 위해 친척들이 미리부터 적금 같은 것을 들어두었다가 통장째로 넘겨줌으로써 목돈이 생기게 된다.

이스라엘은 1981년 상속세를 아예 없앴다. 우리나라는 최고 상속세가 65%에 이른다고 한다. 그러니 우리나라에서 기업하기가 쉽지 않다는 불평이 나올 만하다. 이에 반해 이스라엘에서는 돈을 벌기 좋게 제도를 만들어간다. 이 때문에 유대 자녀들은 나이가 13살 정도만 되어도 창업 가능한 정도의 자기 자본이 이미 형성되어 있고, 그때부터 돈을 어떻게 쓸 것인지에 대해 고민하는 시간을 갖는다. 유대 민족이 우리나라 청년들보다 경제적으로 앞서가는 데는 이런 나름의 이유가 있다.

이스라엘에서 벤처 기업을 창업하면 2%가 성공한다는 이야기가 있다. 그럼에도 부모도 사회도 창업 실패를 나무라거나 실패자라는 낙인을 찍지 않는다. 오히려 한 번 창업에 실패한 사람이 창업하면 더 많은 인센티브와 세제 지원을 해준다. 한 번 실패한 경험을 높이 사는 것이다. 유대 부모들도 "너 왜 그랬니?"라고 나무라지 않는다. 이 때문에 이스라엘 청년들은 기꺼이 창업의 꿈을 펼친다.

이스라엘에서 창업전시회나 투자유치회가 열리면 자주 나오는 이야기가 다브카다. 히브리어로 '그럼에도 불구하고'를 의미한다. 실패에도 불구하고 창업한다는 것이다.

그래서 이스라엘은 지금도 전 세계 창업의 바이블로 평가받는다. 유대인들이 세계 창업 시장에서 괄목할 성과를 거두는 이유도 여기에 있다. 이스라엘을 벤처투자가들은 '창업국가Startup nation'라고 부른다. 인구 2천 명 당 벤처 기업이 하나씩 있다는 보도가 나올 정도다.

이스라엘은 사람과 무기 빼고 아무 자원이 없다는 말을 들을 정도로 자원부족국가로 유명하고, 거의 모든 생필품과 자동차, 거대 플랜트 사업 아이템조차도 다 수입이다. 그런데 아이디어 수출은 세계최고 수준이다. 당연히 벤처 창업의 강국이 된 것이다.

국민소득도 우리보다 1만 달러 이상 높은 세계 소득 상위 국가다. 이들이 이렇게 잘 살게 된 것은 모두가 경제관념을 일찍부터 가르쳐온 유대인 엄마와 아버지 덕분이다. 일찍 일어나는 새가 먹이를 더 빨리 찾듯이 준비된 창업자가 더 빨리 성공에 이를 수 있다. 유대인 엄마들은 이를 위해 자녀를 훈련시키는 것이다.

숫자교육으로
리스크 관리를 가르친다

지혜는 모으고 위험은 분산하라.
| 유대 속담 |

　유대 부모는 숫자에 대해 많은 의미를 부여하고, 자녀에게도 그 의미를 거듭 강조하며 가르친다. 이는 토라에서 나온 숫자의 유래나 관련된 사건을 중요시 여겼기 때문이다. 그래서 유대인 엄마들은 자녀가 어릴 때부터 숫자놀이를 하도록 도우면서 동시에 신앙을 가르쳐왔다.

　예를 들어 7은 완전수라서 유대인들이 좋아하는 수다. 6일간 일하고 7일째 안식하신 하나님의 숫자다. 따라서 6은 모자라고 7은 완전한 숫자인 것이다. 십계명에 들어 있는 10가지 금지와 명령부터 옷술의 장식까지가 모두 숫자와 관련되어 있다.

예를 들어 유대인들은 치치트*가 달린 탈리트를 어깨에 걸치는데, 이것을 매듭지을 때 8개의 실을 이용해 5개의 겹매듭을 묶고, 겹매듭 사이에 각각 7회, 8회, 11회, 13회의 매듭을 묶게 되어 있다. 치치트에 해당하는 숫자 값은 600이며, 여기에 8개의 실과 5개의 겹매듭을 보태면 613이 된다. 613은 유대인들이 지켜야 할 모든 계명을 합친 수와 같다. 유대인들은 숫자에 저절로 익숙해질 수밖에 없는 전통을 가진 것이다. 한편으로는 지켜야 할 규칙이 613가지나 되니 유대인의 삶도 만만치만은 않은 삶이었을 것이다.

나라 없이 쫓겨다니며 생긴 지혜

유대인 엄마인 에스더는 이제 10살 된 아들 요나와 진지한 대화를 나누고 있다.

"엄마!"

"왜 그러니? 요나?"

"3이란 숫자에는 여러 가지 뜻이 있다는데 왜 3이 중요해요?"

"3이란 숫자는 대단히 좋은 거란다. 우리가 믿는 야훼 하나님의 품성이 무슨 일이든 다 하실 수 있다는 전능성, 어디든 계시다는 무소부재성, 무슨 일이든 모르는 것이 없으시다는 전지성, 이렇게 3가지잖아. 그래서 3이란 숫자를 우리 민족이 전통적으로 사랑하는 거란다."

● 옷술(tassel)로, 탈리트 끝자락에 장식으로 매다는 여러 가닥의 실을 지칭함.

"너무 어려워요."

"그럴 거다. 네가 좀더 크면 무슨 뜻인지 쉽게 이해될 거야. 일단 한 가지 알기 쉬운 예를 가르쳐주마. 우리 민족은 돈 관리를 어떻게 해왔을까?"

"금고에 넣어서?"

"그래, 돈을 금고에 넣어 관리하기도 하지. 그런데 금고에 넣어두기만 하면 돈을 더 벌 수 없잖아? 그래서 고대 알렉산더 대왕이 우리 민족을 점령하던 시절부터 3·3·3의 법칙이라는 것을 사용해왔단다."

"3·3·3이요? 그게 뭐예요?"

"3·3·3의 법칙은 위험을 분산하는 법칙이란다. 자, 너한테 100세켈*이 있다고 해보자. 100세켈을 셋으로 나누어 30세켈은 현금으로 네가 보관하고, 또 30세켈은 우표를 사두고, 나머지 30세켈은 은행에 넣어두는 것을 말한다."

"그럼 10세켈은 어디로 갔어요?"

"계산을 아주 잘했구나. 10세켈은 책상 서랍 속이나 책꽂이 같은 데 숨겨둔단다. 비상금으로 갖고 있는 거지. 이렇게 하면 도둑이 들어와도 한 번에 다 뺏기지 않고 안전하겠지? 우리 민족은 늘 나라 없이 쫓겨다녀서 이런 지혜가 생겨났단다."

"네, 알겠어요!"

● 성경에선 세겔이라 부른다. 1세겔은 약 300원(2014년 봄 기준)으로, 이미 2천 년 전부터 금은을 무게로 재는 단위로 사용되었다. 아브라함이 막벨라굴을 사던 기원전 20세기에도 세겔은 화폐의 개념으로 사용된 것으로 보아 이때부터 화폐 단위로 정착한 것같다.

위험분산의 3·3·3 원칙

「창세기」에도 이러한 위험분산의 지혜가 나온다. 야곱은 자신의 형 에서에게서 장자권을 팥죽 한 그릇으로 야비하게 사들이고, 눈이 잘 안 보이는 아버지를 속여 축복권도 가로채 형의 미움을 샀다. 결국 멀리 외삼촌의 집으로 쫓겨나 거기서 20년이나 살았다.

야곱은 중년이 되어 아내들과 자식들을 데리고 고향으로 귀환하고자 했다. 그러나 아무리 생각해도 에서가 자신을 가만둘 것 같지 않자 얍복강가에서 자신의 모든 재산과 가솔들을 3으로 나누어 형이 있는 고향땅에 들여보낸다. 「창세기」 32장 일부를 보자.

> 야곱이 거기서 밤을 지내고 그 소유 중에서 형 에서를 위해 예물을 택하니
>
> 암염소가 이백이요 숫염소가 이십이요 암양이 이백이요 숫양이 이십이요
>
> 젖 나는 낙타 삼십과 그 새끼요 암소가 사십이요 황소가 열이요 암나귀가 이십이요 그 새끼 나귀가 열이라
>
> 그것을 각각 떼로 나누어 종들의 손에 맡기고 그의 종에게 이르되 나보다 앞서 건너가서 각 떼로 거리를 두게 하라 하고
>
> 그가 또 앞선 자에게 명령해 이르되 내 형 에서가 너를 만나묻기를 네가 누구의 사람이며 어디로 가느냐 네 앞의 것은 누구의 것이냐 하거든

대답하기를 주의 종 야곱의 것이요 자기 주 에서에게로 보내는 예

물이오며 야곱도 우리 뒤에 있나이다 하라 하고

그 둘째와 셋째와 각 떼를 따라가는 자에게 명령해 이르되 너희도

에서를 만나거든 곧 이같이 그에게 말하고

또 너희는 말하기를 주의 종 야곱이 우리 뒤에 있다 하라 하니 이

는 야곱이 말하기를 내가 내 앞에 보내는 예물로 형의 감정을 푼

후에 대면하면 형이 혹시 나를 받아 주리라 함이었더라

(「창세기」32장 13~20절)

야곱은 유대의 지혜를 이미 터득해 위험분산을 3·3·3의 법칙으로
처리하고, 자신은 맨 나중에 남았다가 따로 얍복강을 건너 형을 만나
러 들어간다.

실제로 유대 부모의 자산관리 기본 원칙은 3·3·3이라고 한다. 리
스크 관리는 현대 재무설계자들에게 가장 중요한 덕목이 아니던가.
이것을 유대 부모는 오래전부터 실천하면서 자녀들에게도 가르쳐왔
던 것이다.

'절대 집중투자하지 말라. 항상 위험을 예상하라. A안이 틀어질 때
를 대비해 B안을 준비하라. 남들이 모르게 C안도 준비하라. 항상 준
비하는 자세에서 성공이 시작된다.' 이것이 바로 유대식 경제교육의
주요 내용들이다.

세계 경제를 제패한 비밀은
'대물림' 경제교육

*부를 이어가기 위해 꼭 필요한 것은 지금 절약하고 저축하는 방법을
자녀들에게 가르치는 것이다.*
| 유대 속담 |

유대 부모는 가난과 부에 대한 개념에 대해 "궁핍은 부끄러운 것
이 아니다. 그러나 명예롭지도 않다"라고 가르친다. 중립적인 가르
침이지만 사실 유대인들이 중요하게 여기는 성경에는 돈에 대해 긍
정적이지 않은 부분도 많다.

> 돈 싫다는 사람 있으랴만 거짓말쟁이 되는 것보다 가난한 편이
>
> 낫다 (공동번역, 「잠언」 19장 22절)
>
> 은을 사랑하는 자는 은으로 만족하지 못하고 풍요를 사랑하는 자는
>
> 소득으로 만족하지 아니하나니 이것도 헛되도다 (「전도서」 5장 10절)

> 재산이 많아지면 먹는 자들도 많아지나니 그 소유주들은 눈으로
>
> 보는 것 외에 무엇이 유익하랴 (「전도서」 5장 11절)

솔로몬은 자신이 이룩한 막대한 부에 대해 심각한 회의를 느꼈고, 이에 대한 회의를 「잠언」과 「전도서」에 표현한 것이다. 유대인은 돈도 야훼 하나님이 주시는 것으로 믿었고 사실 돈에 대해서는 중립적인 생각을 가져왔다. 즉 유대인은 돈을 좋다고 가르치지도 않고, 나쁘다고 가르치지도 않지만 거래 관계와 신용 관계에서는 철저하게 투명한 거래를 하도록 가르쳐왔다.

유대인은 돈은 정말 중요한 재원이지만 함부로 다루다가는 큰일이 벌어진다는 것을 체험적으로 알아왔다. 그렇기 때문에 돈 문제만은 절대 서두르지 않고 천천히 몸에 익히고 뇌리에 익히도록 부모가 앞장서서 가르치는 것이다.

이유 없는 돈을 주지 않는다

유대인 엄마는 집에서 매일 만나는 형제나 자매끼리도 돈 계산을 철저히 하도록 가르치고, 통장도 각각 나누어 서로 소유를 확실히 구분하도록 가르친다. 같은 가족이라도 내 것과 네 것을 완전히 구분하도록 가르침으로써 변명이나 실수의 구실을 절대 주지 않는다. 특히

이유 없는 돈을 자녀들에게 주지 않는 것이 유대인의 철칙이다.

용돈의 개념도 우리와는 다르다. 유대인은 초등학생에게는 웬만해서 용돈을 주지 않는다. 만약 용돈을 줄 경우에는 그 돈을 반드시 어디에 쓸 것인지 계획을 세워 부모님에게 이야기한 다음 쓰게 한다. 즉 결과에 대한 책임을 묻자는 것이다.

이런 치열한 재무교육 때문에 돈을 쓸 때 한 번 더 깊이 생각하는 것이 유대인의 전통이 되었다. 그들이 절약하는 모습을 보고 있으면 유대 민족을 세계에서 가장 검소한 민족이라 할 만하다는 생각이 든다. 유대인들의 규례에서는 마흔이 되지 않으면 고급 모피코트도 입지 않는다고 한다.

특히 유대인의 재무설계가 주목받는 이유는 대물림 재무설계라는 점 때문이다. 유대 부모는 종신보험이나 연금보험 등을 귀하게 여긴다. 이것은 숨길 수 없는 사실이다. 유대 부모는 자녀들이 어릴 때 적금통장을 만들어주거나 종신보험을 들게 하고 자신도 들어둔다.

이것을 세습하기 때문에 2, 3대에 걸쳐 내려가면 자녀들은 자신이 번 것보다 훨씬 많은 돈을 저축하고 관리하게 되는 것이다. 종신보험에 가입 후 부모가 사망하게 되면 자식들이 사망보험금을 받는다. 그러면 그 사망보험금을 20년 납으로 분할한 뒤 또 종신보험에 가입한다. 그들은 이런 식으로 시간의 흐름을 3세대 정도, 약 70년 정도의 미래를 내다본다고 한다.

집 안 마당에 백향목을 심어 그것을 대대로 바라보면서 천천히 돈을 모아가는 방법을 가르치고 실제 행하도록 유도하는 가정도 있다.

유대 자녀들에게 경제관념을 확실하게 가르쳐주는 방편에는 키부츠 같은 공동체 생활도 있다. 정통 유대 자녀들은 부모의 집이 아닌 '어린이집'에서 협동생활을 한다. 일찍부터 자립심을 키워주고 공동체 생활을 통해 내 것과 남의 것을 확실하게 구분할 수 있도록 키우는 것이다. 이 때문에 이들은 형제까지 경쟁상대로 여기기도 한다.

또한 자신들의 재무설계 프로그램에 다른 사람이 들어오지 못하도록 철저하게 방어선을 친다. 그 예가 바로 '보증 금지'다. 유대인은 회당 안에서는 절대 금전 거래를 하지 않는다. 유대인들은 돈은 그냥 있는데 사람이 속인다고 믿는다. 사람이 사업에 실패하고 재테크에 실패하는 바람에 결국 돈을 갚지 못한다는 것이다. 그래서 유대인 부모들은 자녀에게 이렇게 충고한다.

"안 갚아도 너의 재무설계를 흐트러뜨리지 않을 정도로 돈거래를 해라. 보증도 마찬가지다. 빌려주려거든 빌려준 다음에 그 사실을 잊어버려라."

정말 맞는 말 아닌가? 이러면 상처도 입지 않고, 서로의 우정도 변하지 않는다. 빌리지 못하는 이는 섭섭하겠지만 어차피 잃어버릴지도 모를 친구니 나라도 피해를 덜 입어야 한다는 것이 유대인의 솔직한 반응이다.

구제와 차용의 의미는 근본적으로 다르다. 구제는 그냥 주는 것이므로 상대방에게 두고두고 고마움을 받을 수 있다. 차용은 빌려주는 것이므로 상대방이 갚지 못하면 우정까지 놓칠 수 있다. 토라의 『구약성경』이나 『탈무드』를 통해 유대인 엄마들은 강조한다.

"보증을 선다는 것은 스스로의 재테크 계획을 무시하고 보증을 서줄 사람의 재정 환경에 자신의 계획을 맞추어주는 것이다. 그만한 각오가 없다면 보증을 설 자격도 없다."

5

토라의 이야기로
교훈을 남긴다

너는 사람으로 더불어 손을 잡지 말며 남의 빚에 보증이 되지 말라.
| 잠언 22장 26절 |

    유대인 엄마는 토라의 성경 고사를 통해 리스크 관리와 포트폴리오 법칙●을 자녀들에게 끊임없이 가르친다.

    『구약성경』에 보면 야곱이라는 걸출한 리스크 관리의 선구자가 나온다. 어렵고 힘들 때마다 떠올릴 수 있는 유대인 위기관리의 롤모델이라 할 수 있다. 앞에서 본 3·3·3 분산 법칙이 그로부터 시작된 것이다. 그는 위기관리의 포트폴리오 법칙을 3,500년 전에 이미 터득해 여차하면 도피할 수 있도록 위기관리를 시도한 것이다.

    야곱의 11번째 아들 요셉도 위기관리의 전문가였다. 그는 어린 시절 이집트에 노예로 팔려갔지만 총리의 자리까지 오른 입지전적 인

● 투자를 분산함으로써 자산을 안전하게 관리하는 것

물이다. 또한 그는 총리 시절, 7년의 풍년 동안에 식량을 사들이고 적절히 배분하며 유통시키고 저장해두었다가, 후일 7년 동안 지속된 흉년에 슬기롭게 대처한 인물이기도 하다. 그는 이집트 농사가 풍년을 맞았을 때 싸게 곡식을 사들였다가 그 후 중근동 국가와 민족들에게 비싸게 팔아 돈을 벌었다. 또한 지독한 7년의 흉년을 만났을 때 미리 저장해둔 곡식을 적절하게 배분함으로써 침착한 위기관리 능력으로 나라를 구했다.

유대인 엄마는 이 이야기를 자녀들에게 어린 시절부터 들려준다. 이를 듣고 자란 아이들은 저절로 리스크 관리에 대한 인식을 가지게 된다.

그런데 지금 우리는 자녀들에게 무슨 이야기를 들려주고 있는가? 혹시 재무교육을 아예 포기하고 있는 것은 아닌가? 부모 스스로 되돌아볼 때다.

유대인 엄마는 어린 자녀들에게 『탈무드』를 읽어주며 다음 격언들을 아예 외우도록 가르친다.

- 현금을 벌 수 있는 방법은? 쓰지 않는 것이 곧 버는 것이다.
- 부자가 되는 간단한 방법이 있다. 그것은 내일 할 일을 오늘 해치우고, 오늘 먹어야 할 것을 내일 먹는 것이다.
- 현금은 가장 능력 있는 중개인이다.
- 좋은 수입만큼 좋은 약은 없다.
- 겨울 땔감에 필요한 돈을 여름철 한가한 때 놀면서 낭비하지 마라.

• 누구라도 개처럼 가난해질 수도 없고, 돼지처럼 부자가 될 수도 없다.

• 부자도 굶주림에 고통 받을 때가 있다. 굶으라는 의사의 지시를 받았을 때다.

• 절약할 줄 모르는 상인은 털이 나지 않은 양과 같다.

• 지식을 지나치게 많이 쌓은 사람은 늙지만, 돈을 지나치게 많이 가진 사람은 젊어진다.

구구단 대신 게마트리아를
배우게 한다

숫자로 푸는 세상살이는 보수적인 유대 아버지가 가장 좋아하는 놀이 가운데 하나다.
| 유대 격언 |

구구단 대신 게마트리아를 배우게 한다는 말은 유대 부모가 구구
단을 가르치지 않는다는 것이 아니라 게마트리아를 그만큼 중시한다
는 말이다. '게마트리아Gematria'는 히브리어의 알파벳 각각에 고유의
숫자 값을 부여한 뒤 알파벳으로 이뤄진 단어의 뜻을 풀어 성서를 해
석하는 방법을 말한다. 주로 유대교의 랍비들이 사용해 유대인 가장
들을 통해 전해 내려온 가정교육법이자 랍비들의 전통적 신앙교육
시스템이다. 특히 중세의 유대 신비주의자들인 카발라주의자들이 많
이 사용했던 것으로 알려져 있다.

그렇다면 랍비들은 히브리어의 알파벳에 어떤 방법으로 숫자를
부여했을까? 총 22개로 이뤄진 히브리어 알파벳을 차례대로 나열한

뒤 첫 번째 알파벳부터 10번째 알파벳까지에 각각 1부터 10의 수를 부여했다. 그다음 11번째 알파벳부터 18번째 알파벳은 20부터 90을, 마지막 남은 4개의 알파벳은 100부터 400의 수를 각각 의미하게 했다. 유대인들은 이 게마트리아를 가지고 성서 속에 나오는 단어의 속뜻을 헤아렸던 것이다.

예를 들어보자. 『신약성경』의 「요한계시록」 13장 18절에는 "지혜가 여기 있으니 총명한 자는 그 짐승의 수를 세어보라. 그것은 사람의 수니 그의 수는 육백육십육이니라"라는 구절이 나오는데, 여기서 말하는 짐승의 숫자 666은 네로황제를 뜻하는 것이다. 네로 황제의 이름을 히브리어로 번역한 뒤 게마트리아를 이용해 그 알파벳에 해당하는 숫자를 모두 더하면 666이라는 숫자가 나오기 때문이다. 이 때문에 666이라는 숫자는 종말을 뜻하는 적그리스도의 숫자로 여겨져 수많은 문학작품과 영화의 소재가 되었다. 지금도 성경공부를 해본 기독교도들은 '666' 하면 사탄의 숫자, 꺼리는 숫자, 싫은 숫자의 이미지를 떠올린다. 하물며 신앙심이 깊은 유대인 자녀들은 더욱 특별하게 이 성경의 숫자 의미에 집착하도록 배워왔다.

유대인들이 가장 의미를 두는 숫자는 7

유대인 엄마들이 가르쳐온 게마트리아에 따르면 숫자 1은 야훼 하나님이다. 유일한 신이기 때문이다. 유대 신앙은 유일신 사상이라서 범신론자들과 늘 마찰을 일으킨다. 그럼에도 그들은 결코 이 신앙을 포기하지 않는다. 그들에게 하나님은 살아계신 유일한 신이기 때문에 믿을 수 있고, 또 믿어야 하는 신앙이다. 그러므로 유대인들은 수의 시작이자 제1원인을 의미하는 숫자 1은 야훼 하나님의 독특하심과 유일하심이며 절대 나뉠 수 없는 숫자라고 믿는다. 숫자 1이야말로 모든 창조의 근원이며 모든 시작의 숫자라고 보는 것이다.

2013년 세상을 떠난 에드 카치Ed Koch 전 뉴욕시장은 "아버지도 유대인, 어머니도 유대인, 나도 유대인!"이라며 늘 자신이 유대인임을 자랑스럽게 말해왔다. 그는 생전에 항상 엄지손가락을 내밀며 "우리는 하나, 유대인은 하나"를 외쳤고 뉴욕에 반유대인 정서를 정면으로 극복한 보기 드문 유대인이었다. 그는 생전에 자신에게 가장 큰 영향을 준 사람으로 유대인인 자신의 부모를 꼽았으며, 그의 모든 정서적·신앙적 출발점은 야훼 하나님에게 있다고 고백한 바 있다. 유대 부모의 가르침은 이렇게 자녀들에게 길이 남아 전해진다.

유대인에게 숫자 2는 대립적이고 이해충돌적이며 변화의 시작이다. 하지만 유대 사회의 계약에서 숫자 2는 꼭 필요한 숫자다. 예를 들어 무언가 계약을 할 때 반드시 2명의 증인을 세워야 한다. 또한 유대인들에게 중요한 십계명도 돌판 2개에 기록되었다.

그러나 신학적으로 숫자 2는 분할의 의미를 갖고 있다. 사탄은 두 번째 숫자다. 1, 즉 유일한 여호와 하나님을 배신한 숫자가 숫자 2다. 남자가 1이면 여자는 2로, 죄를 지은 최초의 여인 하와도 2다. 또 1은 하나님의 주권을 보여주는 성경이고, 2는 이집트의 압제를 보여주는 성경이다.

유대인에게 숫자 3은 신성함과 구분을 의미한다. 히브리족이 이집트에서 탈출할 때 사흘길을 떠나있겠다고 말했다. 또 요나가 고기 배속에서 머문 날도 3일이다.

유대인에게 숫자 4는 땅이다. 창조 이야기에 4개의 강이 땅으로 흘러들었다고 기록되어 있기 때문이다. 동서남북으로 갈라진 땅, 노아의 방주에 들어선 4쌍의 남녀가 그 예다. 「창세기」와 한자 창제를 엮은 이야기를 보면 밭 전⊞이나 넉 사⑅는 사방을 의미하며, 4개로 갈라져 나온 강과 땅을 의미한다고 한다.

유대인에게 숫자 5는 희생제사다. 유대인에게 제사는 목숨과 같다. 유교에서 제사를 존중하는 것보다 훨씬 심하다. 유대인의 5가지 제사법은 유명한데 번제·소제·속죄제·속건제·화목제를 말한다.

번제는 제물을 태우는 것이다. 희생제물을 완전히 태워서 연기를 올리는 제사로, 헌신과 속죄를 의미하는 제사다. 소제는 곡식으로 드리는 제사다. 이때 반드시 소금과 함께 제사를 드리는데 소금은 정결의 의미다. 속죄제는 비고의적이거나 모르고 저지른 죄를 용서받기 위해 드리는 것으로 희생제물을 태워서 드린다. 속건제는 하나님의 규례를 어기거나 사람에게 해를 끼친 죄를 속죄하기 위해 드리는 제사다. 제물의 피를 드리고 일부는 태웠으며 일부 배상의 성격이 들어 있다. 화목제는 동물의 기름과 콩팥을 불살라 드리는 제사로, 하나님과 인간이 평화를 얻도록 드리는 제사다.

유대인은 7이란 숫자를 대단히 좋아한다. 중국이 8을 복 받는 숫자로 생각하듯 유대인도 7을 완전수라고 여긴다. 또 7의 제곱인 49도 아주 중요한 숫자라고 생각한다. 이는 희년^{禧年}이라는 말이 나온 배경이다. 희년에는 밭의 경작을 한 해 쉬게 해주었는데, 오늘날의 개념으로 보자면 생태계를 지키기 위한 귀중한 교훈을 이미 오래전부터 실천해온 것임을 알 수 있다. 유월절도 7일간 계속하고, 혼인잔치도 7일간을 계속 한다.

이들은 십진법을 썼고, 태음력도 활용했다. 그러나 전체 숫자로 볼 때 그들이 가장 의미를 두는 숫자는 역시 7이다. 숫자 7은 완전함이다. 안식일은 그런 완전한 날을 즐기는 의미다. 하나님도 쉬셨는데 인간이 쉬지 못할 일은 없다고 보는 것이다.

탁월한 숫자 감각을 자녀에게 전한다

유대인들은 성경에 쓰인 기호(코드)를 읽는 데도 남다르다. 성경에 '샤르 셰 렛도'라는 기호는 단 4번밖에 나오지 않는데, 이는 '주의하라'라는 말로 결정의 순간에 주의해야 할 마음가짐을 말한다.

유대인은 숫자와 떼려야 뗄 수 없을 만큼 깊숙이 숫자 관념을 신앙적으로 이해해왔다. 토라의 모세오경 가운데 4번째 성경이 바로 「민수기」다. 「민수기」는 이집트를 탈출한 이스라엘 백성이 38년 동안 광야에서 방랑하고 난 다음 요르단강 동편 모압 평지에 도착하기까지의 과정을 그렸다.

원래 히브리어 제목은 '광야에서'라는 뜻을 가진 '베미드바르Bemidbar'였다. 하지만 헬라어 번역본인 70인역(LXX) 성서는 책에 여호와의 명령으로 2번이나 전체 인구조사를 하고 그 결과를 기록하는 등 많은 통계 수치가 나오는 것을 감안해 '숫자들'이란 뜻의 '아리드모이Arithmoi'로 표기했다. 그리고 라틴어 역본인 천주교 성경이나 개신교 성경도 모두 이를 「민수기The Book of Numbers」라 부르게 되었다.

이때부터 유대인은 세어보고 합산하고 힘을 모으는 것을 계속 해왔다. 물론 전통적으로 「민수기」 이후에는 야훼 하나님이 그들 민족에게 말도 기르지 말고, 창검도 소유하지 말며, 백성들 인구조사도 하지 말라고 가르쳐왔다는 것을 유대인들도 알고 있다.

여호수아가 여호와께서 자기에게 명령하신 대로 행해 그들의 말 뒷발의 힘줄을 끊고 그들의 병거를 불로 살랐더라 (「여호수아」 11장 9절)
다윗이 그에게서 병거 천 대와 기병 칠천 명과 보병 이만 명을 빼앗고 다윗이 그 병거 백 대의 말들만 남기고 그 외의 병거의 말은 다 발의 힘줄을 끊었더니 (「역대상」 18장 4절)

여호수와나 다윗은 비록 전투에서 노획한 물자라 할지라도 말을 필요 이상으로 확보하지 말라는 가르침 때문에 말의 힘줄을 끊어 이를 전쟁 물자로 확보하지 않았다. 심지어 다윗은 여호와가 허락하지 않은 인구조사를 실시했다가 크게 벌을 받기도 했다.

> 요압이 백성의 수를 왕께 보고하니 곧 이스라엘에서 칼을 빼는 담
> 대한 자가 팔십만 명이요 유다 사람이 오십만 명이었더라
> 다윗이 백성을 조사한 후에 그의 마음에 자책하고 다윗이 여호와
> 께 아뢰되 내가 이 일을 행함으로 큰 죄를 범했나이다 여호와여 이
> 제 간구하옵나니 종의 죄를 사하여 주옵소서 내가 심히 미련하게
> 행했나이다 하니라 (「사무엘하」 24장 9~10절)

다윗의 백성이 이 일로 인해 무려 7만 명이나 전염병에 걸려 죽었다. 그래서 유대인들은 자기들의 백성 수를 세거나 군비를 정량화하는 일에 두려움을 가지고 있다. 그런데 유대인들만큼 세고 헤아리고 자기 자신과 기업과 돈을 세는 데는 따라갈 민족이 없으니 참으로 이율배반적이기도 하다. 그 이율배반적 전통을 오늘의 유대 부모들은 갖가지 숫자 개념으로 여전히 가르치고 있다.

사실 그것은 항상 다른 민족과의 갈등 속에서, 인구로나 국방력으로나 나라가 없어진 것으로나 열악한 환경 속에서 살았던 유대인이 할 수 있는 유일한 일이었다. 이러한 이유 때문에 유대인들은 숫자 감각이 탁월하다. 유대 부모들은 이를 자녀들에게 전해왔고, 지금도 전하고 있다.

유대인들에게 성인식의 의미

우리나라 부모가 유대 부모만큼 자녀의 성인식에 대해 진지하게 생각할까? 아마도 성인의 날도 모르고 넘어가는 경우가 태반일 것이다.

반면 유대 부모들은 자녀들에게 성인식을 치러주는 것을 가장 큰 행복으로 여긴다. 유대인에게 성인식이란 어른이 되는 것을 사회적으로 인정해주는 것뿐 아니라 토라를 자기 생각대로 해석하고 읽을 수 있게 되는 독립적인 자격을 얻는 것을 말한다.

유대 부모는 만 13세가 되면 성인식을 치러준다. 기독교에서 예수님이 12살이 된 후 나사렛에서 예루살렘으로 가신 것도 그런 전례에 따른 것으로 볼 수 있다는 이야기가 있다. 유대인의 성인식은 '바르미츠바par mitzvah'라고 하는데, 히브리어로 아들을 의미하는 '바르'와 율법을 뜻하는 '미츠바'를 합친 말이다.

성인식은 할례와 결혼식과 더불어 유대인들이 가장 중요하게 생각하는 종교적 행사다. 율법을 인정하고 야훼 하나님의 자녀임을 대외적으로 인정받는 날이기 때문이다.

예루살렘 성전벽으로 유일하게 남아있는 통곡의 벽으로 들어가는 덩Dung 게이트 앞에 가면 지금도 성인식을 하는 모습을 볼 수 있다. 혹은 유대 회당인 시나고게 앞에서도 볼 수 있다. 가족 친지가 다 모여 축하해주고 동네 잔치가 벌어지듯 북과 나팔을 부는 악대가 앞에서 요란하게 연주한다. 그 사이로 동료 소년들이 차양막을 들고 있고, 그 아래로 주인공인 소년 혹은 소녀가 걸어 들어가 성인식을 치른다.

랍비가 이를 주관하고 모든 행사 앞에는 아버지가 앞서 있다. 유대인 엄마는 뒤에서 돌보며 손님들과 친지들을 맞는다. 성인식을 시작하면 당사자는 성경인 토라를 읽고 특정한 구절에 대해 말씀을 해석하며, 유대인의 의무를 서약하고 축복문을 낭독하는 순서를 갖는다.

유대인들은 성인식을 위해 오랫동안 준비하고 기도하면서 이날을 기다리는 것이다. 우리나라의 경우 성인식은 대학에서 맞는, 또래들의 장난 같은 모임들이 주를 잇는 반면 유대인 사회의 성인식은 다 함께 즐기는 동네 축제와 비슷하다.

이 축제에서 동네 사람들은 누구 집 어느 아들이나 딸이 성인식을 치렀다는 것을 알게 되고, 공동체 성인들이 그들을 감시 및 관리하며 애정으로 지켜봐주는 것이다. 성인식을 치른 유대인 아이들은 그 후로부터는 어른답게 유대 율법대로 신앙을 지키며 살아야 한다.

유대인들의 성인식은 흥청망청하는 성인식이 아니고 제 또래의 친구들이 모여 술을 퍼마시는 날도 아니다. 가족 친지가 모여 함께 즐거워하고 축하해주는 매우 기쁜 날인 것이다. 그런데 요즘 유대 사회도 전통에 대해 도전하고 반대하는 자녀들이 늘고 있다고 한다. 이런 젊은이가 절대 다수가 되어 유대 사회도 우리처럼 될까 염려스럽다.

유대 사회는 제일 먼저 남을 돕는 조건으로 이웃을 생각한다. 토라 십계명에 이웃을 사랑하고 섬기도록 요구하기 때문에 이웃 중에 가난한 이가 있거나 병든 자가 있다면 보살펴주도록 훈련받았기 때문이다. 현대에 이르러서는 각박한 현실과 황금만능주의 때문에 많이 흐려진 것도 사실이지만 아직도 적어도 유대 공동체 안에서는 굶는 이들이 없도록 철저하게 배려하고 있는 사회가 유대 사회이기도 하다. 그 일엔 각 가정의 부모들이 앞장서고, 그 뒤에는 가난한 이들을 살피는 랍비의 눈이 있다.

4장

배려를 가르치는
유대인 엄마

남을 진정으로 배려하는 교육

지혜롭고 훌륭한 이는 남의 곤궁함을 헤아리고,
미련하고 어리석은 자는 내 곤궁함을 먼저 헤아린다.
| 유대 속담 |

"유대인들에게 『탈무드』는 사전"이라고 말하는 이들이 있다. 그러
나 사실은 한 번 편집하면 끝나는 사전 같은 존재가 아니라 끊임없이
살아 움직이는 유기체 같은 존재로 위치한다. 랍비에 따라 해석이 달
라지고, 새로운 세대에 접어들면 받아들이는 융통성이 또 달라진다.
고대의 『탈무드』와 현대의 『탈무드』는 해석하는 방법이 완전히 달라
질 수도 있다. 그래서 늘 생각하게 하는 훈련이 『탈무드』를 중심으로
일어나게 하는 것이 유대식 자녀교육 방법이다.

다음은 한 유대인 엄마가 딸에게 『탈무드』 이야기를 들려주고 있
는 상황을 정리한 것이다.

"마을에 불이 다 꺼지고 캄캄한 밤, 한 아버지가 여행에서 돌아오

는 길에 장님 한 명을 만났어. 그런데 장님이 등불을 들고 걸어오고 있었단다."

"장님이 등불을 들어요?"

"그러게 말이야. 진짜 이상하잖아. 이 아버지는 도무지 그 이유를 알 수가 없어 궁금해 죽겠는 거야. 그래서 장님에게 이렇게 물었어. '실례인줄 알면서 여쭤봅니다. 당신은 왜 앞도 보지 못하면서 등불을 들고 다니십니까?' 그러자 장님이 이렇게 대답했어. '내가 불을 들고 걸어가면 눈 뜬 사람들이 나를 알아보고 피할 수 있을 테니까요.' 이 『탈무드』 이야기를 듣고 너는 무엇을 느꼈니?"

"남을 위한 배려를 가르치려는 이야기잖아요."

"그래, 맞았어. 너도 이렇게 남을 잘 배려하는 사람이 되어라."

남을 위한 배려를 가르친다

"이번 이야기도 들어보렴. 유대인 마을에 불이 다 꺼지고 캄캄한 밤, 한 아버지가 여행을 떠났다 돌아오는 길에 장님 한 명을 만났어. 그런데 장님이 등불을 들고 더듬더듬 길을 걸어오고 있었단다."

"아까와 똑같은 이야기잖아요?"

"그래도 더 들어보아라. 이 아버지는 도무지 그 이유를 알 수 없어 궁금해 죽겠는 거야. 그래서 장님에게 물었어. '실례인줄 알면서 여쭤봅니다. 당신은 왜 앞도 보지 못하면서 등불을 들고 다니십니까?' 그러자 장님이 이렇게 대답했어. '내가 불을 들고 걸어가면 눈 뜬 사람들이 나를 알아보고 피할 수 있을 테니까요.' 자, 이 두 번째 이야기를 듣고 너는 무엇을 느꼈니?"

"남을 위한 배려를 가르치려는 이야기라니까요."

"아니다. 다르게 생각해보렴. 누가 잘했고 누가 못했지?"

"음… 그 아버지가 잘못한 것 같아요."

"왜 그렇게 생각했지?"

"장님을 도와줄 생각을 하지 않고 귀찮게 했으니까요. '캄캄한 밤에 등불을 밝혀주셔서 감사합니다.' 이렇게 말했어야 해요."

"잘 보았다. 이 아버지는 자신의 호기심 때문에 남을 위한 배려를 하지 못한 거야. 정확히 맞혔으니까 내일 욕실 청소를 면제해주마."

곁에서 이 이야기를 듣던 남편은 아내가 제대로 가르친 것이 맞는 지 회당에 가서 랍비에게 물어본다.

"아내가 제대로 가르친 것이 맞습니까?"

"그렇다고도 볼 수 있소."

"아니, 그럼 다른 해석이 있을 수 있습니까?"

"사실을 말하자면 그 이야기는 엉터리요. 장님이 등불을 들고 밤 중에 나다닐 이유가 없는 거요. 이론적으로는 그대 부부가 제대로 가 르친 것이겠지만 현실에서는 그런 일이 절대 일어나지 않아요. 자식 들에게 현실적인 문제를 잘 가르쳐주어야 합니다. 오히려 '만일 네 가 장님이라면 남을 돕기 전에 밤길에 등불을 들고 걸어가는 어리석 은 일이 생기지 않도록 조심해. 남에게 폐를 끼치지 않는 것이 훨씬 유익한 일이란다'라고 가르치는 것이 더 현실에 맞닿아 있다고 볼 수 있소."

"알았습니다. 랍비님 말씀을 잘 가르치겠습니다."

유대인 랍비는 이들 부부가 이론적인 이야기말고도 현실적인 문제와 함께 남을 진정으로 배려하는 교육을 해주길 바라는 뜻으로 이렇게 말한 것이다.

2

남에게 폐를
끼치지 않게 한다

폐를 자초하는 어리석은 자는 화를 불러들이고 저주하는 자는 재앙을 불러들인다.
| 탈무드 |

유대인 엄마는 자신의 자녀가 남에게 폐를 끼치지 않게 하려고 많은 애를 쓴다. 『탈무드』에 이런 말이 있다.

- 네 손을 발 밑에 넣고 스스로에게 물어보라. 발이 아픈지 손이 아픈지. 친구도 이와 같다. 괴롭히는 자는 모르지만 괴롭힘 당하는 사람은 아프다.
- 두 팔로 화로를 들고 서 있어봐라. 한 시간도 들고 있기 어려울 것이다. 네가 들고 서 있기 어려운 화로를 네 친구에게 들게 하지 마라.

특히 보복에 대한 감정적 복수는 성경에서 원칙적으로 금했기 때문에 유대인들의 범죄율은 비교적 낮은 편이다. 대도시는 범죄로부터 안전한 편이고, 외곽 분쟁지역에서는 아직도 심심찮게 범죄가 발생한다. 그러나 전통적 유대지역에서는 범죄율이 아주 낮게 나타나고 있다.

토라는 남을 괴롭히고 상해를 입히는 것에 대해 엄격하게 금했다. 「레위기」 24장 17절에서 20절을 보자.

사람을 쳐 죽인 자는 반드시 죽일 것이요

짐승을 쳐 죽인 자는 짐승으로 짐승을 갚을 것이며

사람이 만일 그의 이웃에게 상해를 입혔으면 그가 행한 대로

그에게 행할 것이니

상처에는 상처로, 눈에는 눈으로, 이에는 이로 갚을지라 남에게 상

해를 입힌 그대로 그에게 그렇게 할 것이며 (「레위기」 24장 17~20절)

소위 '눈에는 눈으로, 이에는 이로 갚는다'라는 것은 유대인의 전통적인 보응 방식이다. 그러나 본뜻과는 다르게 잘못 알려진 것도 있다. 이 토라의 율법은 지나치게 보복하지 않게 하기 위해 만들어진 것이기 때문이다. 자신이 당한 일 때문에 감정적으로 분노가 확산되어 더 큰 죄를 짓지 않도록 율법으로 금지 항목을 엄격하게 정해놓은 것이다.

토라 「출애굽기」 21장 22~28절(쉬운성경)에 나온 법조항은 더욱 구체적이다.

두 사람이 싸우다가 임신한 여자를 건드려서 여자가 유산만 하고 달리 다친 데가 없다면, 다치게 한 사람은 여자의 남편이 요구하는 돈을 갚아라. 그런데 이는 반드시 재판관의 결정을 얻어야 한다. 그러나 그 여자가 다치기까지 했다면, 너희는 목숨은 목숨으로, 눈은 눈으로, 이는 이로, 손은 손으로, 발은 발로 화상은 화상으로, 상처는 상처로, 멍은 멍으로 갚아라. 종의 주인이 남종이나 여종의 눈을 쳐서 눈을 멀게 했으면 주인은 그의 눈에 대한 대가로 그 종을 자유한 몸으로 풀어주어라. 만약 주인이 남종이나 여종의 이를 부러뜨렸다면 주인은 그에 대한 대가로 종을 자유한 몸으로 풀어주어라. 소가 남자나 여자를 들이받아서 죽였으면 그 소를 돌로 쳐서 죽여라. 그리고 그 소의 고기는 먹지 마라. 하지만 소의 주인에게는 죄가 없다 (「출애굽기」 21장 22~28절)

이 율법은 아무리 좋게 생각해도 우리에게는 여전히 과잉 보복처럼 느껴질 수 있다. 그러나 그건 현대인의 시각이다.

현대 법조항에선 살인을 했을지라도 과실치사와 가중처벌에 따라 형량이 다를 것이다. 미국 같으면 1급 살인, 2급 살인에 따라 형량이 크게 달라진다. 그러나 율법은 동량형벌의 원칙을 따른다. 즉 당한 그만큼만 갚아주라는 것이다. 다치기만 했는데 상대방을 감정적으로 통제하지 못하고 죽여버리는 일이 벌어지지 않게 하기 위해서다. 토라의 해석을 잘못 확대해석해서 '눈에는 눈'이라고 함부로 갚으려 들다가는 큰일이 벌어질 수 있다.

유대 부모들은 토라의 이 규정을 자녀들에게 엄격하게 적용하고 가르쳐왔다. 그러므로 유대인의 율법은 복수를 권장하는 것이 아닌 부정적 감정으로 남에게 해를 입히는 것을 최소화하기 위해 율법으로 보상 한도를 정해놓은 것일 뿐이다.

3

남에게 민폐를 끼치면
강하게 체벌한다

친구를 따돌리거나 외면하는 것은 사람을 때리는 것보다 더 나쁜 공격이다.
| 유대 격언 |

　　과거 유대인들을 포함한 고대 사회에서는 종의 팔을 부러뜨리면 주인의 목숨을 내놓으라는 식의 과도한 보복이 유행했다. 그래서 유대 아버지는 남을 괴롭히든 괴롭힘을 당하든 간에 적합한 형벌 기준을 제시한 토라를 적용해 감정을 잘 통제하도록 가르쳤다. 그래서 이스라엘에선 왕따가 많지 않다는 이야기도 들린다.

　　하지만 토라 「창세기」에 야곱의 열두 아들이 11번째 아들 요셉을 왕따시키는 장면이 나타나 있다. 비난하고 질투하다 못해 어린 요셉을 구덩이에 던져두었다가 캐러밴에게 돈을 받고 팔아버리는 장면이다. 인간의 못난 면이 여실하게 드러나는 기록이다.

　　어느 사회도 왕따는 발생한다. 못된 인간은 늘 존재하는 법이다.

그래서 상당수 자녀가 자신에게 가해지는 위해 상황을 단호하게 거절하지 못하고 묵묵히 당하고 있기 때문에 왕따 사건이 끊이질 않는다. 유대인 엄마는 이 때문에 초등학교에 입학한 자녀가 부당한 일을 당하면 단호하게 "안 돼!"라고 말할 수 있도록 교육을 시킨다.

대놓고 거절했는데도 계속 강요하면 교육 당국에 신고하고, 교장과 담임 교사를 상대로 소송도 진행할 수 있다. 그러나 원천적으로 교사들이 체벌을 가하기 때문에 왕따를 대놓고 하진 못한다.

우리 사회는 생각보다 훨씬 많은 자녀가 자신의 생각을 떳떳하게 말하지 못한다. 이는 우리 사회의 문제다. 분명히 부적절한 일인데 "아니요"라고 말하기가 어려운 것이다. 배우지를 않아서다. 어려서부터 자신의 의견을 확실히 말하도록 교육받지 못한 탓이다.

학교에서 왕따를 당한 아이들이 이를 견디지 못해 자살이라는 잘못된 선택을 하는 경우가 뉴스로 자주 보도되고 있어 너무나도 안타깝다. 우리 부모들도 유대 부모들처럼 조금 더 단호하게 자기가 하기 싫은 일을 남에게 시키지도 말고 당하지도 말라고 가르쳐야 한다.

자신의 자녀가 괴롭히는 쪽으로 가담한다면 다시는 그러지 못하도록 엄격하게 야단치고 교육해야 한다. 그러지 않고 감싸기 때문에 자녀는 부모의 해결사 노릇을 믿고 마음껏 해코지를 하는 것이다. 왕따는 그런 면에서 부모가 방조하는 중대한 교육의 실패다.

죄에 대해서는 엄격하게 처벌하고, 잘한 일에 대해서는 마음껏 칭찬해준다는 유대식 자녀교육의 자세를 우리도 익혀야 할 것이다. 유대인 엄마들은 아주 어린 나이라 할지라도 잘못한 일에 대해서는 체벌을 서슴지 않는다.

유대인 엄마들은 자녀가 다른 것은 몰라도 남들에게 민폐를 끼치거나 선생님을 모욕하는 행위를 했다는 소식을 들으면 강력한 체벌과 함께 토라의 성경 구절 베껴쓰기부터 집안 청소 20일, 간식 한 달금지 등 생각보다 중벌을 내리는 것에 익숙하다. 우리 엄마들도 자녀교육은 하지만 이 정도로 강하게 하지 않기 때문에 아이들이 부모의벌을 우습게 여기고 있는 것이다. 강력한 응징은 유대 공동체 사회의전통적인 특징이다.

팔레스타인의 이스라엘은 아랍 1억 명의 인구와 맞붙어 싸우는 대표적인 분쟁 국가다. 그래서 어떤 형태로든 침입을 받거나 테러를 당하면 10배 이상의 강력한 응징을 하고 만다. 그래야 상대가 겁을 먹는다고 전 국민이 그렇게 여기고 동의하는 것이다.

유대 사회는 공동체끼리 유기적 결연을 맺고 있다. 만약 한 가정이이런 분위기에 동조하지 않고 튀거나 반대하고 나서면 상당히 거친반응과 비판을 받을 각오를 해야 한다.

자녀교육만은 절대 방관하지 않는다

우리는 자녀들에게 대해 지나치게 방관하고 자녀교육을 학교와학원에 미루면서 부모가 해야 할 일을 제대로 하지 않는 것이 문제다. 맞벌이에 늦게 들어와 피곤한 몸으로 뭘 어떡할 수 있겠느냐는 생각도 할 수 있다.

유대인 엄마들도 맞벌이가 많다. 그러나 그들은 아주 사소한 일까지 직접 관여하고 참견한다. 하루 15분이나 30분 토라 읽기, 자녀들에게 책 읽어주기, 기도해주기, 속옷 검사와 가방 검사, 성적 점검과 과외활동 보고서 받기 등은 일상적인 엄마의 활동이다. 심지어 학교에서 떠나는 수학여행 같은 대외활동에도 연차를 내고 따라가는 이들도 적지 않다.

어떻게 그 많은 것을 다할까 생각하게 되지만 그들은 훈련된 엄마라서 자녀교육만은 절대 양보하지 않는다. 유대 여성들은 군복무가 의무적이다. 모두가 가야 한다. 그래서 유대인 엄마는 군대식 복종과 상명하복에 훈련된 사람들이다. 그럼에도 부부 모두 자녀교육은 앞장서서 매달리는 편이다. 오히려 부부가 경쟁적으로 나서기까지 하니 자녀들로서는 귀찮고 힘든 일이지만 매일 반복함으로써 함께 나아지고 개선되어 가는 것이다.

얼마 전 학생들 이야기를 듣다가 놀란 적이 있었다.

"너희들, 이번 학기에 수학여행이지? 이번엔 어디로 가니?"

"안 가요. 수학여행이 없어졌어요."

"뭐라고 왜?"

"수학여행에서 자꾸 사고가 터지고 말썽부리는 애들도 적지 않다고 학교에서 세 반 이상 같이 다니는 것 자체가 금지되었어요."

이게 말이나 되는가? 학교 교육당국자는 어떤 것이 학생에게 유익한지를 따지기보다 말썽이 나지 않게 하는 것이 더 중요하다고 판단한 탓이다. 여기에는 엄마들이 나서서 과도하게 학교 교육을 간섭하는 것도 중요한 원인이 되고 있다. 그렇다면 사고를 줄일 방법을 찾아내고 고쳐가야지 수학여행을 없애버리는 식으로 대응하면 학교에서 아무 것도 가르칠 수가 없다.

우리 교육은 이런 식이다. 문제가 생기면 고치려들기보다 말썽이 나지 않도록 원인이나 제도를 없애버리려 드는 것이다. 이러다가는 아무 것도 안 하는 교육 현장이 되고 말 것이다.

4

눈 먼 자의
눈이 되게 한다

구제를 좋아하는 자는 풍족하여 질 것이요, 남을 윤택하게 하는 자는 윤택하여 지리라.
| 잠언 11장 25절 |

유대인 엄마는 자녀들이 이기적인 심성을 갖지 않도록 가르친다. 이기심은 인간이라면 타고나는 것이지만 어릴 때부터 남을 돕도록 가르치고 이것이 하나의 버릇으로 남을 수 있도록 교육하는 것이다. 예를 들면 교육의 일환으로 자선행사나 구제행사 때 반드시 자신의 자녀가 누군가를 돕기 위해 돈을 쓰게 만든다.

『탈무드』는 자선에 대해 4가지 유형을 이야기한다. 첫째, 스스로 원해서 물건이나 돈을 내지만 다른 사람이 자신과 같은 돈이나 물건을 기부하는 것을 좋아하지 않는 유형이다. 둘째, 자신이 베풀기 때문에 남도 베풀어야 한다고 생각하는 유형이다. 셋째, 다른 사람이 자선을 베푸는 것은 좋아하지만 정작 자신은 베풀기 주저하는 유형이다. 넷째, 자신도 자선을 베풀기 싫어하며 남도 자선을 베푸는 것을 싫어하는 유형이다.

세상 살아가는 사람들은 대개 이 4가지 유형에 속해 있다. 첫 번째 유형은 시기심과 질투가 많은 사람이고, 두 번째 유형은 착하고 경우가 바른 사람이며, 세 번째 유형은 돈에 대해 짠 사람이거나 자존감이 낮으며 자기비하가 심한 사람이고 네 번째 유형은 악하고 인색한 사람이다.

『탈무드』는 자선에 대한 글 말미에 이렇게 써놓았다.

"양초 한 자루의 촛불로 여러 개의 양초에 불을 붙여도 처음 촛불의 빛은 약해지지 않는다."

유대인들은 타인을 구제하는 것이 촛불을 나누는 것과 같다고 가르치는 것이다.

구제와 자선을 직접 하게 한다

유대인들은 짜고 인색하며 염치가 없다는 이야기를 듣는다. 하지만 이는 그들의 삶과 전통을 제대로 이해하지 못한 탓이다. 이렇게 왜곡된 표현이 나온 이유를 셰익스피어가 유대인을 수전노로 묘사한 탓이라고 주장하는 이들도 있다.

사실 유대 부모들은 구제가 인간의 기본적인 의무이자 자신이 축복받는 비결이라고 가르쳐왔다. 이들이 쓰는 구제라는 말은 히브리어로 '체다카'다.

유대인들은 구제야말로 하나님이 인간에게 주신 양심이며 선물이라고 생각한다. 그래서 유대인들은 자녀들이 어릴 때부터 가정의 한편에 성전 한 구석에, 회당이나 학교 혹은 공공기관 등에 비치된 구제함에 돈이나 물품을 기부하는 습관을 들이도록 가르친다. 이 구제함을 '푸슈케'라고 부른다. 안식일 기도에 들어가기 전 푸슈케에 동전을 넣는 것은 유대인들의 전통이며, 이는 지금까지도 전해진다. 유대 아버지는 이 구제함을 전적으로 관리하고 가정의 모든 구제를 외부로 보내는 통로이자 선택자의 역할을 담당한다.

구제를 하는 이유는 하나님의 명령 때문이며 그분이 기뻐하시기 때문이다. 유대인은 십의 일조를 하나님께 드리고, 가난한 사람에게 다시 십의 일조를 나눈다. "유대인이 세계에서 가장 많은 기부를 하는 민족"이라는 말은 여기서 나온 말이다.

최근 유대계 아버지 중의 한 인물이 전 세계의 관심을 모았다. 바로 세쿼이아 캐피털Sequoia Capital의 사령탑 마이클 모리츠Michael Moritz 회장이다. 2014년 최대의 재계 뉴스는 단연 중국 최대의 전자상거래 업체인 알리바바의 뉴욕증시 상장이었다. 이로써 알리바바 창업자 마윈은 단숨에 중국 최고의 부자가 되었다. 마이클 모리츠는 일찍이 중국 IT 기업의 성장 가능성을 점치고 소리 없이 투자를 단행한 바 있었기에 알리바바 뉴욕증시 상장의 실질적인 수혜자가 되었고, 마이클 모리츠 역시 엄청난 부를 챙겼다.

마이클 모리츠의 아버지는 나치 독일을 탈출한 유대계였다. 아버지의 영향을 크게 받았던 그는 재산의 최소 50%를 기부하기로 약정한 가운데 이미 약 2,500억 원을 영국과 미국의 여러 대학교에 장학금으로 쾌척했다. 또 아버지가 장학생으로 졸업한 옥스퍼드 대학교에는 1,900억 원을 기부했는데 이는 유럽 내 대학 기부금 중 최고액이다. 그는 대학 기부금의 역사를 새로 썼으며 유럽 전체를 감동시켰다. 그의 기부로 옥스퍼드 대학교에 입학하는 저소득층 자녀 100여 명이 학비와 생활비 전액을 지원받는 혜택을 누릴 수 있었다. 그는 세계에서 가장 돈을 많이 버는 투자자 중의 한 명이지만 동시에 가장 많은 금액을 구제하는 데 쓰는 진정한 자본가다.

예로부터 유대인의 구제 정신은 일차적으로 과부들에게, 고아들에게 적용되었다. 토라의 「신명기」 24장 10절에서 21절까지의 기록을 보자. 이 율법이 구제에 대한 야훼 하나님의 명령이다.

네 이웃에게 무엇을 꾸어줄 때에 너는 그의 집에 들어가서 전당물을 취하지 말고

너는 밖에 서 있고 네게 꾸는 자가 전당물을 밖으로 가지고 나와서 네게 줄 것이며

그가 가난한 자이면 너는 그의 전당물을 가지고 자지 말고

해 질 때에 그 전당물을 반드시 그에게 돌려줄 것이라 그리하면 그가 그 옷을 입고 자며 너를 위해 축복하리니 그 일이 네 하나님 여호와 앞에서 네 공의로움이 되리라

곤궁하고 빈한한 품꾼은 너희 형제든지 네 땅 성문 안에 우거하는

객이든지 그를 학대하지 말며

그 품삯을 당일에 주고 해 진 후까지 미루지 말라 이는 그가 가난하므로 그 품삯을 간절히 바람이라 그가 너를 여호와께 호소하지 않게 하라 그렇지 않으면 그것이 네게 죄가 될 것임이라

아버지는 그 자식들로 말미암아 죽임을 당하지 않을 것이요 자식들은 그 아버지로 말미암아 죽임을 당하지 않을 것이니 각 사람은 자기 죄로 말미암아 죽임을 당할 것이니라

너는 객이나 고아의 송사를 억울하게 하지 말며 과부의 옷을 전당 잡지 말라

너는 애굽에서 종 되었던 일과 네 하나님 여호와께서 너를 거기서 속량하신 것을 기억하라 이러므로 내가 네게 이 일을 행하라 명령하노라

네가 밭에서 곡식을 벨 때에 그 한 뭇을 밭에 잊어버렸거든 다시 가서 가져오지 말고 나그네와 고아와 과부를 위해 남겨두라 그리하면 네 하나님 여호와께서 네 손으로 하는 모든 일에 복을 내리시리라

네가 네 감람나무를 떤 후에 그 가지를 다시 살피지 말고 그 남은 것은 객과 고아와 과부를 위해 남겨두며

네가 네 포도원의 포도를 딴 후에 그 남은 것을 다시 따지 말고 객과 고아와 과부를 위해 남겨두라 (「신명기」 24장 10~21절)

구제한 것보다 몇 배나 되돌려 받는 축복

유대 부모는 구제에 대한 성경의 모델을 욥에게서 찾아 그 이야기를 자녀들에게 들려준다. 욥의 이야기의 요지는 베푼 만큼 돌려받는다는 것이다. 욥은 아브라함과 같은 시대에 살았던 인물로 동방 지역의 거부(巨富)였다. 『구약성경』「욥기」1장 1절에서 3절의 기록을 살펴보자.

> 우스 땅에 욥이라 불리는 사람이 있었는데 그 사람은 온전하고 정직해 하나님을 경외하며 악에서 떠난 자더라
> 그에게 아들 일곱과 딸 셋이 태어나니라
> 그의 소유물은 양이 칠천 마리요 낙타가 삼천 마리요 소가 오백 겨리요 암나귀가 오백 마리이며 종도 많이 있었으니 이 사람은 동방 사람 중에 가장 훌륭한 자라 (「욥기」1장 1~3절)

욥의 자산을 현재의 자산 가치로 따져보면 재벌 수준임을 알 수가 있다. 욥의 재산은 키우는 가축 수만 도합 1만 1,500마리에 달했다. 지금 시세로 환산해보자. 양 한 마리가 150달러 정도, 낙타가 1,500달러 정도, 나귀가 500달러 정도라고 치고 여기에 소 한 마리를 4,500달러 정도로 환산하면 욥의 재산 규모는 우리 돈으로 약 100억 원을 훨씬 넘는다.

게다가 가축 1만 1,500마리를 관리하는 노동력은 얼마나 되었을

까? 최소 100명은 넘지 않았을까? 또 이들이 데리고 있던 가족을 합하면 욥의 공동체는 최소한 500명 이상의 부족공동체였다는 것을 알수 있다. 이같은 대부호 욥은 돈을 잘 모았으면서도 인색하지 않고 나누는 것을 좋아한 어진 사람이었다.

「욥기」29장을 보면 욥은 "부르짖는 빈민과 도와줄 자 없는 고아를 내가 건졌으며 망하게 된 자도 나를 위해 복을 빌었고 과부의 마음이 나로 인해 기뻐 노래했다"라고 고백하고 있다. 그는 "나는 맹인의 눈도 되고, 다리 저는 사람의 발도 되고, 빈궁한 자의 아버지도 되며, 내가 모르는 사람의 송사를 돌보아주었으며, 불의한 자의 턱뼈를 부수고 노획한 물건을 그 잇새에서 빼내었다"라고 고백하고 있다. 한마디로 욥은 구제 천사였다.

그러던 그는 사탄의 시험에 들게 된다. 모든 가축이 죽고, 그의 아들 일곱과 딸 셋을 한꺼번에 잃게 된다. 모든 종들이 떠나고, 아내마저 그의 곁을 떠나게 되며, 지독한 악질 피부병까지 얻어 기왓장으로 피부를 긁을 정도로 몸이 망가져버렸다.

그러나 욥은 이 재난을 허락한 하나님을 원망하지 않고 하나님의 응답을 기다렸다. 마침내 그 응답은 이루어져서 재산을 2배로 돌려받았고, 자식도 그전처럼 많이 얻었다. 유대인들은 베풀고 나눠준 모든 자산을 배로 돌려받은 위대한 자선가라고 욥을 평가하며, 또 그렇게 가르친다.

사실 유대인은 전통적으로 핍박과 곤경을 많이 겪은 민족이다. 전쟁을 하면 남자들을 다 잡아가 버리거나 죽임을 당해 고아와 과부들이 숱하게 생겨났다. 남겨진 그들, 생계를 잇지 못하는 그들을 돌보는 것은 공동체의 몫이었다. 그래서 성경을 통해 이것을 공식적으로 명령함으로써 구제가 뼛속 깊이 정착되도록 해왔던 것이다.

유대인들은 유대인이 구제를 하는 것은 야훼 하나님의 명령에 순종하는 것이요. 한편으로는 공동체의 사명을 감당하기 위한 것이라고 생각한다. 또한 유대 부모는 구제를 행할 경우 하나님의 보호하심 아래 구제한 것 이상의 축복을 누릴 수 있음을 자녀들에게 가르치고 있다.

5

서로 밀어주고
당겨주게 가르친다

유대인이라면 지혜와 힘과 부를 가족을 위해 써라.
| 유대 속담 |

우리나라에서 기업을 운영하는 사람들 사이에 전해오는 말 가운데 "믿을 건 가족뿐이다!"라는 말이 있다. 이는 특히 동업을 시도했던 사람들이 자주 하는 말이다. 주변에서 얼마나 많은 동업자들이 깨지고 의가 상한 것을 봐왔으면 이런 소리가 나올까 싶다.

유대인 사회도 결국 사람 사는 사회라 우리와 비슷하다. 유대인은 유난히 가족 경영, 패밀리 비즈니스를 중시한다. 그들은 낯선 사람을 경영에 참여시키지 않는다. 이방인이라면 더욱 관계조차 맺지 않으려 한다. 철저한 패밀리 비즈니스 경영이다.

그러면 유대인들은 절대 다른 사람과 동업하지 않을까? 물론 그렇지는 않다. 동업의 방법이 좀 다를 뿐이다. 예를 들면 창업자인 유대 아버지들은 자신의 기업을 지키기 위해 동업이 꼭 필요하다고 판단되면 딸을 동업하려는 가문에 시집보내거나 아들을 사위로 보낸다. 또 키우고 싶은 조카나 친인척을 동원해 기업활동에 참여시키기도 한다. 이렇게 저절로 패밀리가 되는 것이다. 그래서 유대인들 사이에는 'ㅇㅇ가문'이라는 말이 회자된다.

대표적인 가문이 로스차일드가^{Rothschild family}로, 이 가문은 유대계끼리 혈연관계를 맺어왔다. 세계적인 투자은행이었던 리먼 브라더스^{Lehman Brothers}를 설립한 리먼 형제들은 로스차일드가와 친척관계다. 리먼 가문의 한 인물은 한때 뉴욕 주지사를 지냈고, 프랭클린 루스벨트^{Franklin Roosevelt} 대통령 시대에 미국 정계에서 활약하기도 했다. 물론 리먼 사태로 비난을 받기도 했다.

할리우드에도 유대인들이 넘쳐난다. 유대인들은 그들끼리 당겨주고 끌어준다. 웬만한 배우는 다 유대계다. 해리슨 포드^{Harrison Ford}, 커크 더글라스^{Kirk Douglas}, 더스틴 호프만^{Dustin Hoffman}, 베트 미들러^{Bette Midler}, 데브라 윙거^{Debra Winger}, 나탈리 포트만^{Natalie Portman} 등 이름을 대면 알 수 있는 배우들이 수두룩하다.

이들 배우를 선택하고 캐스팅해서 활약하게 해주는 든든한 우군인 감독들도 유대계가 많다. 스티븐 스필버그^{Steven Spielberg}가 대표적인 인물로, 그는 유대인 이미지 홍보 사업을 펼치고 있는데 영화 〈쉰들러리스트〉와 〈뮌헨〉이 그런 작품 가운데 하나다. 우디 앨런^{Woody Allen}도 같은 유대계 감독이며, 〈카사블랑카〉의 마이클 커티즈^{Michael Curtiz} 감독, 〈유주얼 서스펙트〉의 브라이언 싱어^{Bryan Singer} 감독 역시 유대계다. 이러한 쟁쟁한 감독들이 할리우드를 점령하고 있기에 배우들도 유대계로 채워지는 것이다. 이처럼 유대인들이 서로 밀어주고 이끌어주는 것은 모두 『탈무드』의 교훈 덕분이다.

에스더와 모르드개처럼 서로 도우라

『구약성경』에 나오는 에스더Esther는 신비한 인물로 유대 여성이 가장 닮고 싶어 하는 롤모델 중 한 명이다. 에스더는 『구약성경』에서 멋진 왕비이자 유대인 동포를 살린 지혜로운 왕비로 전해온다.

『구약성경』「에스더서」에 그녀에 관한 기록이 있다. 이 「에스더서」는 2가지 판본으로 전해지는데, 하나의 판본에서는 야훼 하나님을 언급하고 다른 하나에서는 언급하지 않는다. 유대교와 개신교의 『구약성경』은 야훼 하나님이 나오지 않는 판본이다.

이 이야기는 고대 페르시아의 궁정 안에서 벌어진 유대인의 생사에 관한 이야기다. 남쪽의 유다 왕국이 기원전 586년에 멸망했을 때 침략국이었던 바벨로니아는 많은 유대인을 바벨로니아에 강제 이주시켰다. 어느 날 페르시아 왕 아하수에로Ahasuerus●가 잔치를 열었고 자신의 귀족과 장군들, 초대 손님들에게 자기 아내의 멋진 모습을 보여주고 싶어했다. 그러나 왕비는 주정꾼·술꾼·아첨꾼 앞에 자신을 내보이기 싫었기에 왕의 명령을 거부했다.

● 페르시아의 127개 도를 점령한 왕. 크세르크세스라 불린다.

왕은 왕비가 자신의 명령을 거부하자 왕비를 쫓아버리고, 전국의 여성들에게 간택령을 내려 새로운 왕비를 뽑기로 했다. 많은 경쟁자를 물리치고 한 여성이 간택되었는데 그 여성이 바로 유대인 포로로 바벨로니아에 와 있던 에스더였다. 그러나 아하수에로왕은 에스더가 유대인인지 알지 못했다. 그때 기록이 「에스더서」 2장 5절에서 9절에 나와 있다.

> 도성 수산에 한 유다인이 있으니 이름은 모르드개라 그는 베냐민 자손이니 기스의 증손이요 시므이의 손자요 야일의 아들이라
> 전에 바벨론 왕 느부갓네살이 예루살렘에서 유다 왕 여고냐와 백성을 사로잡아 갈 때에 모르드개도 함께 사로잡혔더라
> 그의 삼촌의 딸 하닷사 곧 에스더는 부모가 없었으나 용모가 곱고 아리따운 처녀라 그의 부모가 죽은 후에 모르드개가 자기 딸 같이 양육하더라
> 왕의 조서와 명령이 반포되매 처녀들이 도성 수산에 많이 모여 헤개의 수하에 나아갈 때에 에스더도 왕궁으로 이끌려 가서 궁녀를 주관하는 헤개의 수하에 속하니
> 헤개가 이 처녀를 좋게 보고 은혜를 베풀어 몸을 정결하게 할 물품과 일용품을 곧 주며 또 왕궁에서 으레 주는 일곱 궁녀를 주고 에스더와 그 궁녀들을 후궁 아름다운 처소로 옮기더라
>
> (「에스더서」 2장 5~9절)

이때 유대인을 대단히 싫어하던 왕의 오른팔 하만이 페르시아 전국의 모든 유대인을 죽일 음모를 꾸며 왕의 허락을 받아낸다. 유대인들이 우상에게 절하지 않고 남들에게 머리를 조아리지 않는 것이 못마땅했던 것이다.

하만은 특히 에스더의 양육자인 모르드개를 죽이려고 교수대까지 준비할 정도로 그를 미워했다. 하지만 에스더 왕비의 용기와 지혜로 도리어 하만이 모르드개를 처형하려고 준비해둔 교수대에 매달리고 만다. 페르시아 치하에 살던 유대인들은 모두 죽을 운명이었다가 왕의 명령으로 생명을 구원받았고, 유대인들은 스스로를 방어해도 좋다는 허락을 받는다.

「에스더서」의 끝 부분에 부림절Purim이라는 단어가 나온다. 부림절은 유대의 명절이다. 이 명절이 생겨난 연유를 「에스더서」가 밝히고 있는데, 그 명칭은 공교롭게도 유대인 말살의 날을 정하기 위한 제비뽑기(히브리어로 '부르')에서 나왔다고 한다.

에스더는 자기를 키워준 모르드개와 협력해 유대인 전체의 위기를 구해낸다. 이처럼 아름답고, 신앙심이 깊었으며, 유대인들을 위해 크게 활약했고 용감했던 에스더였기에 유대인들에게 매우 인기가 많다. 특히 가난한 유대인 엄마들은 자신의 딸이 에스더처럼 용감하고 지혜로워 집안을 일으키고 부를 가져다주는 귀한 인물이 되기를 기대한다.

6

같은 민족끼리 돕되
실력은 필수다

같은 형제끼리 굶는 사람이 없는지 돌아보고 가까운 친척 가운데는 없는지 돌아보라.
또 같은 동네, 같은 도시에서는 굶는 사람이 없는지 살펴라.
| 탈무드 |

『탈무드』의 가르침에 따라 유대인들은 이왕이면 유대계끼리 돕고
살자는 동지의식이 생겼다. 이는 자연스레 유대인의 패밀리 비즈니
스로 이어지게 되었다.

여기서 우리는 무엇을 배울 수 있을까? 유대인 창업자들은 자녀들
에게 무엇을 가르치고 남겨준 것일까? 바로 같은 민족끼리 돕고 살
고, 가족끼리 도우라는 것이다.

이는 성경의 가르침에서 비롯된 것으로 동족끼리 특별히 보살펴
가까운 곳에서 굶거나 고통당하는 동포가 없도록 하기 위함이었다.
다음은 「레위기」 25장 35절에서 41절까지의 기록이다.

네 형제가 가난하게 되어 빈 손으로 네 곁에 있거든 너는 그를 도와 거류민이나 동거인처럼 너와 함께 생활하게 하되

너는 그에게 이자를 받지 말고 네 하나님을 경외해 네 형제로 너와 함께 생활하게 할 것인즉

너는 그에게 이자를 위해 돈을 꾸어 주지 말고 이익을 위해 네양식을 꾸어 주지 말라

나는 너희의 하나님이 되며 또 가나안 땅을 너희에게 주려고 애굽 땅에서 너희를 인도해낸 너희의 하나님 여호와이니라

너와 함께 있는 네 형제가 가난하게 되어 네게 몸이 팔리거든 너는 그를 종으로 부리지 말고

품꾼이나 동거인과 같이 함께 있게 해 희년까지 너를 섬기게 하라

그 때에는 그와 그의 자녀가 함께 네게서 떠나 그의 가족과 그의 조상의 기업으로 돌아가게 하라 (「레위기」 25장 35~41절)

주변에 배곯아 죽어가는 동포가 없게 하라는 신탁을 받아 유대인은 오늘도 이 원칙을 적용하고 있다. 그렇다고 실력 없는 이를 마구잡이로 키우지는 않는다.

철저하게 교육받고 현장에서 실력을 인정받아야 클 수 있다. 이 부분이 우리와 조금 다른 점이다.

경쟁을 통해 유대계 네트워크를 지켜라

우리나라도 패밀리 비즈니스를 한다. 대표적인 예가 재벌 경영 아닌가? 그렇지만 유대계처럼 심한 경쟁을 통해 인재를 키우는 것이 아니라 재벌 2세, 3세로서의 특권을 부여하는 경우가 많다.

유대인은 비즈니스 발판을 마련하고 나서 우선 형제들을 자신의 비즈니스에 참여시키는데, 자격이 없는 형제들까지 끌어들이는 일은 거의 없다. 사업이 성공하면 다른 형제와 친척들을 공개 입찰하듯 불러들여 참여시키는 방식으로 비즈니스를 확대한다.

유대인은 이 같은 동족 경영을 수백 년간 유지해왔고, 그로 인해 사실상 성공을 거두었다. 우리나라의 재벌 경영은 지금 시험대에 올라 있다. 유대 아버지는 대학에 들어가지 않은 자녀를 아버지 밑에서 일을 배우도록 시킨다. 우리나라의 재벌이나 성공한 기업가들도 자녀를 회사로 불러들인다. 하지만 문제는 준비가 안 된 재목인데도 초고속 승진을 시킨다는 것이다. 그 부작용으로 최근 재벌 문제들이 집중 부각되고 있는 것이다.

이는 우리가 고쳐야 할 부분이다. 자녀 간 경쟁을 통해 패밀리 비즈니스를 키워가는 방식이어야 기업이 수백 년을 이어갈 수 있는데 자격도 안 되는 자녀를 초고속 승진시키며 특혜를 주니, 사장이 되었을 때 안하무인이 되고 경영상의 실책을 저지르기도 하는 것이다.

그런데 이보다 더 큰 문제는 실책을 해도 재벌 기업이니 서로 돕자고 덮어주고 넘어가버리는 경우가 대부분이라는 것이다. 이는 결코 좋은 대응 방식이 아니다. 덮어주고 넘어가다 보면 후에 큰 사건이 발생했을 때 그 기업이 온전하게 살아나기 어렵다.

유대 사회는 본질적으로 경쟁적이다. 자원이 없고 기댈 곳이 마땅치 않은 사회였기에 경쟁을 통해 자신의 위치를 확보해야 했다. 특히 초기 유대 공동체 사회는 타민족 국가들이 서로 생존을 위해 전쟁을 벌이는 일이 잦았기에 리더 한 사람 세우는 것도 경쟁을 통해 세워야 했다. 물론 야훼 하나님이 보내시는 자를 앞세운 것은 물론이다.

경쟁이 치열하기 때문에 리더는 그만큼 생존력이 앞서 있다. 리더십도 강하고, 하나님의 신탁을 듣는 귀도 남달랐다. 그런 전통이 공동체 랍비로까지 이어져온 것이고, 기업으로 따지자면 패밀리 비즈니스의 네트워크를 형성한 것이다.

동남아시아를 포함한 아시아권에서 화교는 가장 강한 네트워크를 지닌 상권을 형성한다. 미국에 초기 이민한 화교와 함께 이들이 세계 경제의 바닥을 주름잡는다는 이야기도 들린다. 그러나 유대인들은 바닥이 아니라 정상권을 주름잡고 있다. 세계적인 대기업들이 앞다투어 유대 네트워크에 참여하는 것도 이 때문이다.

미국 상류사회를 이끌어가는 것이 유대인 사회로 알려져 있는 만큼 유대계 리더를 잡으려고 노력하는 것은 당연한 일이다. 연방법원, 상원, 연준의 금리 결정위원회 등에서 유대인들이 발군의 능력을 보이고 있는 것도 잘 알려진 사실이다. 그런 네트워크 형성에 남다른 열정을 보여온 것이 유대 부모들이고, 그런 노력이 모여 지금의 이스라엘을 만들어낸 것이다.

7

어릴 때부터
신의 존재를 가르친다

대저 사람의 길은 여호와의 눈앞에 있나니 그가 그 사람의 모든 길을 평탄하게 하시느니라
| 잠언 5장 21절 |

경제적 측면에서 유대인 엄마들은 정직·공평·배려를 늘 가르치지만 유독 강조하는 게 있다. 그것은 바로 공정한 정직이다. 유대인 엄마들이 자녀들에게 화가 나면 하는 잔소리 중에 이것이 가장 눈에 띈다. 너를 지켜보는 것이 남들의 시선이 아니라 야훼 하나님의 시선이라는 것이다.

신의 존재를 가르치는 교육에서 유대인의 빼어난 사고력이 탄생했다고 하면 너무 지나친 말일까? 결코 아니다. 유대인에게서 여호와 신앙을 빼면 시체나 마찬가지다.

한국인은 모두 학교에서 진화론을 배우며 성장했다. 교회에 출석하는 독실한 기독교 가정이 아니고서는 창조론에 대해 단 한 번도 교

육을 받은 적이 없었을 것이다. 이를 다른 시각으로 정리하면 대부분의 우리나라 부모는 무신론적 교육 환경에서 자라났다는 것을 의미한다. 이 때문에 자신과 인생은 스스로 개척하고 극복해가야 한다는 독립적인 사고방식을 자연스레 키워왔고, 신이 자신과 함께 있다는 소위 신의 임재의식에 대해서는 아예 생각해본 적도 없이 자라났을 것이다.

이에 반해 유대인들은 태어나면서부터 신이 자신과 함께 존재한다는 유신론적 임재의식을 늘 가슴에 품고 성장한다. 내 행동과 생각을 누군가, 특히 신이 매순간 지켜보고 있다는 것을 의식하는 것이 인생에 어떤 영향을 미칠까?

사실 자신의 개인적인 행동과 생각을 남이 알게 된다는 것은 두려운 일이다. 그래서 더욱 조심하고 더욱 자신을 살펴보게 되는 것 아닌가? 하물며 자기 자신을 절대 창조주인 야훼 하나님이 살피고 계시다는 것을 생각하고 사는 사람이라면 그 행동이 얼마나 조심스럽고 경건해지겠는가?

공정한 정직을 기억하라

경제 활동에 나서면서부터 부딪치는 것은 부정직과 공공을 해쳐서라도 돈을 벌어들이는 집단일 것이다. 돈에 대한 유혹에서 자유로워질 방법은 결코 없다.

그래서 유대인 엄마들은 이런 경우를 늘 생각해 야훼 하나님의 시선이 너를 항상 지켜보신다는 것을 반드시 기억하라고 자녀들을 가르친다.

동양에도 신독愼獨이란 말이 있다. 자기 홀로 있을 때에도 도리에 어그러지는 일을 하지 않고 삼간다는 것으로 고전 『대학大學』에 나오는 말이다. 그러나 이것은 자신의 의식과 행동을 자신이 볼 때 어긋나지 않도록 하는 자세를 주로 말하는 것이다. 신독은 체면 차리는 가식적인 행동을 하지 않고 본능적으로 하려는 행동을 삼간다는 말이기도 하다.

그러나 유대인의 신독은 눈에 보이지는 않지만 야훼 하나님이 나를 지켜보고 계신다는 사상에서 출발한다. 누구나 다 자신에게는 관대하고, 남에게는 인색한 법이다. 그러나 야훼 하나님이 지켜보는 한 이런 변명은 할 수가 없다. 그래서 유대인들은 어릴 때부터 신의 존재를 배운다.

이를 좀더 다른 시각으로 확대해보자면 이것은 사고력의 차이로까지 발전한다. 우리나라 자녀들은 대체로 신의 임재를 부정하고 진화론적 교육 환경 아래서 교육을 받는다. 이것은 유물론적 교육 시스템 아래에서 아이들이 자랐다는 것을 의미한다. 즉 눈에 보이는 것만을 중시하고 구체적이고 실체적인 증거가 있는 것만을 중시하도록 교육받았다는 것이다.

그러나 유대인들은 어릴 때부터 신의 존재를 배운다. 야훼 하나님이 우리를 늘 지켜보신다고 가르치고 유월절이나 부림절, 초막절(유대인의 명절) 같은 중요한 명절과 매주 치르는 안식일마다 신에게 감사하고 기도하며 제사를 지낸다.

이런 환경 속에서 아이들은 신이란 과연 어떤 존재인지를 깊이, 계속해서 생각하게 된다. 유대인 엄마는 그것을 가르치기 위해 애를 쓸 수밖에 없고, 아이들은 자꾸 질문하게 될 수밖에 없는 것이다. 눈에 보이지 않는 영적인 존재를 묻고 대답하는 과정에서 아이의 논리적 사고력이 발달한다.

누군가 지켜보고 있는데 나쁜 일을 할 수가 없고 정직하게 대할 수밖에 없다. 이것이 신적 영역의 공정한 정직이다. 유대인 엄마들의 이러한 가르침은 경제인으로서의 공정한 정직을 신념으로 여기도록 가르치는 대단히 중요한 가정교육의 하나다.

선지자를 통해 민족지성이 발전하다

유대인의 역사기록인 「역대기하」 17장 6절에서 9절을 보면 유다왕 여호사밧^{Jehoshaphat}은 남유다 왕국의 4대 왕으로 신을 잘 숭배하고 옳은 일을 해 히스기야 다음으로 유다에서 위대한 왕으로 꼽힌다. 그는 왕의 신분으로서, 또 교육자로서 유다 왕국의 신앙교육을 철저하게 실천에 옮겨 존경받는 선한 왕의 명예를 얻었다.

그가 전심으로 여호와의 길을 걸어 산당들과 아세라 목상들도 유
다에서 제거했더라

그가 왕위에 있은 지 삼 년에 그의 방백들 벤하일과 오바댜와 스가
랴와 느다넬과 미가야를 보내어 유다 여러 성읍에 가서 가르치게
하고

또 그들과 함께 레위 사람 스마야와 느다냐와 스바댜와 아사헬과
스미라못과 여호나단과 아도니야와 도비야와 도바도니야 등 레위
사람들을 보내고 또 저희와 함께 제사장 엘리사마와 여호람을 보
내었더니

그들이 여호와의 율법책을 가지고 유다에서 가르치되 그 모든 유
다 성읍들로 두루 다니며 백성들을 가르쳤더라

(「역대기하」 17장 6~9절)

이렇게 왕이 된 자도 신앙을 스스로 익히고 배우며 백성들에게 전
파하니 유대 민족이 뛰어날 수밖에 없게 되고, 신앙교육을 통해 보이
지 않는 신에 대한 깊고 깊은 사고력을 키우게 되니 유대 민족의 지
성이 발전하지 않을 수 없었던 것이다.

여기에 성경에 나오는 왕과 선지자들이 스승과 멘토의 역할을 감
당했다. 신탁을 가르쳐주고 야훼 하나님이 노하셨는지 기뻐하셨는지
를 설명해 줄 리더들이 선지자였다. 이스라엘의 선지자 중 최초의 선
지자를 통일왕국 시대를 열기 전 왕들을 준비하게 한 사무엘로 보는

견해가 우세하다. 그는 사사 중에서 마지막 사사요, 선지자 중에서 가장 먼저였다고 할 수 있다.

이후 등장하는 선지자들은 나단, 엘리야, 엘리사, 이사야, 예레미야, 에스겔, 다니엘 등 상당히 많은데 이들은 왕과 백성들에게 신탁을 주고 그들에게 입바른 소리로 충고하며 잘못된 길을 가지 않도록 가르쳤다.

이들이 있었기에 유다왕국이 그나마 오래도록 살아남았던 것이다.

하지만 말라기 선지자를 끝으로 선지자가 끊어지고, 이스라엘은 400년 간이나 선지자가 없는 신과 불통의 시대를 살았다. 그야말로 암흑기였다.

이후 그 역할은 세례 요한으로 이어졌다. 기독교에선 예수님이 하나님의 아들로 오셨기에 더이상 선지자가 없이 살게 되었다고 본다. 유대 사회는 이 역할을 랍비와 부모가 이어받은 것으로 조심스레 간주한다. 선지자가 없는 시대를 살면서 랍비와 부모가 그 역할을 한다고 본 것이다. 그런 측면에서 유대 부모는 회당의 랍비를 이어 가정을 이끌 멘토로 부모의 역할을 중요하게 보았다.

유대 네트워크의 슈퍼 파워

전 세계가 셰일가스^{Shale gas} 열풍으로 유가 대전쟁을 벌이고 있다. 그런데 이 유가 전쟁의 배후에 유대계가 개입하고 있다는 것은 잘 알려져 있지 않다.

지금 세계 경제는 미국을 중심으로 돌아가고 있고, 과거 팍스 아메리카나의 영광이 재현될 것이라고 믿는 이들도 많다. 트럼프 대통령 등장 이후 국가주의가 우선되고 자국 중심의 쇄국적 이익주의로 돌아가고 있지만 여전히 미국은 세계의 중심에 있다. 미국이 셰일가스를 본격적으로 수출하기 시작하면 그동안 오일머니로 돈을 벌었던 러시아나 중동국가들도 전혀 힘을 쓰지 못하게 될 것이기 때문이다.

현재 미국에는 600만 명 이상의 많은 유대인이 거주하면서 미국 재계와 오일업계에 막강한 영향력을 행사하고 있다. 이런 현실을 고려해볼 때 우리는 유대인들의 글로벌 경제력과 슈퍼 파워가 얼마나 대단한지 짐작할 수 있다.

세계의 석유 재벌기업으로, 영향력이 큰 국제적 석유 회사를 오일 메이저^{Oil Majors}라고 부른다. 이 기업들은 유대인들에게 직간접적인 운영력을 주어왔다. 존 록펠러^{John Rockefeller}가 세운 스탠다드 오일^{Standard}

Oil의 후신인 엑슨모빌Exxon Mobil은 세계 최고의 자산규모를 가진 에너지 기업이자 대표적인 유대계 기업으로 소문나있다. 셰브런텍사코Chevron-Texaco와 로열 더치셸Royal Dutch-Shell도 유대계가 간섭하고 있는 중요한 오일 메이저들이다. 이들 기업은 4대 오일 메이저 또는 포시스터즈Four Sisters라고 불리는 세계 석유시장의 큰손들이다.

1900년대 초반, 특히 제2차 세계대전 직후에 유럽의 수많은 유대인이 박해와 편견을 벗어나기 위해 기회의 땅 미국으로 건너갔다. 그 후 유대인은 특유의 근면함과 악착같은 생활력으로 많은 자본을 쌓고 재계의 거물들을 배출해내기 시작했다. 현재 미국의 거대한 독점자본 기업 상위 50개 가운데 록펠러, 모건, 듀퐁, 멜론, 시티코프 등을 대표로 유대계 기업들이 상당수를 차지하고 있는 것은 유대계의 탁월한 기업경영 기법과 승계 노하우를 보여주고 있다.

유대인 출신들로 누가 있을까? 수많은 절망과 분립을 낳았던 마르크스Marx, 위대한 과학자 아인슈타인Einstein, 심리학자 프로이트Freud도 유대인이며 베르그송Bergson, 헨리 키신저Henry Kissinger 등등 유명인물은 이루 헤아릴 수 없을 정도다.

특히 유대인들 중에는 경제·경영 분야에서 독보적인 존재들이 많다. 유럽 경제를 2세기 동안 주물러왔던 로스차일드가, 로이터통신의 설립자 로이터Reuter, 쉘 석유의 마커스 새뮤얼Marcus Samuel 등 각 분야의 선두로 이름을 날린 이들이 수두룩하다. 또 델 컴퓨터의 마이클 델Michael Dell, 인텔 전 CEO 앤디 그로브Andy Grove도 유대인이다.

〈뉴스위크〉〈AP〉〈뉴욕타임즈〉〈LA타임즈〉〈워싱턴 포스트〉

⟨ABC⟩ ⟨CBS⟩ ⟨NBC⟩ 등 주요 언론의 창립을 유대인이 주도했다는 것 역시 널리 알려진 사실이다. 여기에 워너브라더스, MGM, 콜롬비아사 등을 창립한 이도 유대인들이며, 영화인으로는 스티븐 스필버그와 스탠리 큐브릭Stanley Kubrick, 우디 앨런Woody Allen이 있다. 신대륙의 뉴 트렌드로 전 세계의 호평과 유행을 낳은 청바지의 아버지 리바이 스트라우스Levi Strauss도 유대인이다.

이 밖에도 경제 대통령이라 불렸던 앨런 그린스펀Alan Greenspan 전 연방준비제도이사회 의장, 샌디 웨일Sandy Weill 시티그룹 회장, 모리스 그린버그Maurice Greenberg AIG 전 회장, 헤지펀드의 대부 조지 소로스도 유대인이다.

미국 내 유대인의 인구는 600만 명으로 3억 명 미국 인구에 비해 많은 수가 아님에도 불구하고 유대인들이 장악하고 있는 자본은 무려 40%에 이르고 있다는 이야기까지 나온다. 실상이 그러하니 유대인들이 견제 받고 질투를 불러일으키는 것도 이해 못할 일은 아닌 듯싶다.

죄에 대해서는 엄격하게 처벌하고, 잘한 일에 대해서는 마음껏 칭찬해준다는

유대식 자녀교육의 자세를 우리도 익혀야 할 것이다. 유대인 엄마들은

아주 어린 나이라 할지라도 잘못한 일에 대해서는 체벌을 서슴지 않는다.

우리나라는 양력을 따르지만 음력도 중요하게 생각한다. 음력설인 구정은 국가공휴일로 정해 전후 하루씩을 포함하고 대체휴일까지 3일 이상을 쉬게 하면서 양력설인 1월 1일에는 하루만 쉬게 하는 것을 보면 분명하다. 유대인도 자기들만의 달력을 갖고 있고, 우리나라 이상으로 전통을 중시한다. 유대인은 유월절의 전통을 제일 중요한 명절로 자녀들에게 가르친다. 유대인 부모들은 일상의 시간표를 유대력, 즉 우리나라의 음력 같은 유대 달력에 맞춰놓고 있다.

5장

역사를 잊지 않게 하는
유대인 엄마

유월절에서부터
정체성 교육이 시작된다

유대인이 명절을 지키는 것은 나라를 지키는 것과 같다.
| 유대 격언 |

유대인들이 처음 팔레스타인 땅에 들어와 살 때 그들 조상 아브라함은 메소포타미아의 갈대아 우르라는 상업 도시에서 메마른 사막과 평원을 멀리 돌아 팔레스타인으로 들어왔다. 그의 뒤를 이은 3대째 조상 야곱이 지독한 가뭄을 견디다 못해 이집트로 피신하고 400년간을 노예로 살았다. 그러다가 야훼 하나님이 지도자 모세를 세워 이집트에서 탈출하면서 그 유명한 모세의 기적, 즉 홍해바다가 갈라지는 기적을 연출했다. 이때 야훼 하나님이 그들에게 명령하셨다. 이 명령은 유대 부모들이면 줄줄 외울 정도로 친숙한 구절이며 출애굽(이집트 탈출)의 배경을 그대로 나타내고 있다.

여호와께서 애굽땅에서 모세와 아론에게 일러 말씀하시되

이 달을 너희에게 달의 시작 곧 해의 첫 달이 되게 하고

너희는 이스라엘 온 회중에게 말해 이르라 이 달 열흘에 너희 각자가 어린 양을 잡을지니 각 가족대로 그 식구를 위해 어린양을 취하되

그 어린 양에 대해 식구가 너무 적으면 그 집의 이웃과 함께 사람 수를 따라서 하나를 잡고 각 사람이 먹을 수 있는 분량에 따라서 너희 어린 양을 계산할 것이며

너희 어린 양은 흠 없고 일 년 된 수컷으로 하되 양이나 염소중에서 취하고

이 달 열나흘날까지 간직했다가 해 질 때에 이스라엘 회중이 그 양을 잡고

그 피를 양을 먹을 집 좌우 문설주와 인방에 바르고

그 밤에 그 고기를 불에 구워 무교병과 쓴 나물과 아울러 먹되

날것으로나 물에 삶아서 먹지 말고 머리와 다리와 내장을 다 불에 구워 먹고

아침까지 남겨두지 말며 아침까지 남은 것은 곧 불사르라

너희는 그것을 이렇게 먹을지니 허리에 띠를 띠고 발에 신을 신고 손에 지팡이를 잡고 급히 먹으라 이것이 여호와의 유월절이니라

내가 그 밤에 애굽땅에 두루 다니며 사람이나 짐승을 막론하고 애굽 땅에 있는 모든 처음 난 것을 다 치고 애굽의 모든 신을 내가 심

판하리라 나는 여호와라

내가 애굽땅을 칠 때에 그 피가 너희가 사는 집에 있어서 너희를

위해 표적이 될지라 내가 피를 볼 때에 너희를 넘어가리니 재앙이

너희에게 내려 멸하지 아니하리라

너희는 이 날을 기념해 여호와의 절기를 삼아 영원한 규례로 대대

로 지킬지니라 (「출애굽기」 12장 1~14절)

여기서 이집트 피난 시절을 좀더 자세히 이야기하자면 팔레스타인으로 이주한 아브라함은 거기서 아들 이삭을 낳았다. 이삭은 에서와 야곱을 낳았다. 야곱이 장자권을 얻어 유대인 자녀 12명을 낳았는데 거기서 70명의 자손이 생겨났다. 팔레스타인에 가난과 기근이 극심해지자 야곱과 그의 가족들은 이집트로 피신한다. 그곳에서 먼저 이집트로 들어가 거기서 총리가 된 요셉 가족(4명)이 그들을 돌봐주게 된다. 이들이 400년 후 장정(20세 이후 남성)만 60만 명에 이르는 히브리족이라 불리는 큰 민족이 되었다. 그러나 정권이 바뀐 이집트 파라오는 전에 충성하던 요셉의 업적을 잊어버리고 히브리인들을 노예로 삼아 무자비하게 탄압했다. 야훼 하나님은 이들이 노예로 살면서 부르짖는 것을 듣고 이집트에서 빼내올 것을 모세에게 지시했다(출애굽기 1장 참조).

고대 이집트 사회에서 노예는 곧 경제력이었다. 모세가 파라오를 만나 9가지 재앙을 보여준 뒤 마지막으로 이집트에서 출생한 모든

살아있는 사람이나 가축들의 첫째를 죽이겠다고 위협과 설득을 가했음에도 파라오왕은 듣기를 거절했다. 경제권을 내놓을 수 없는 절박함이 있었을 것이다. 그러자 야훼 하나님이 히브리인들에게 어린 양을 잡아 그 피를 문설주에 바르면 죽음의 천사가 그 집을 넘어가(유월, 逾越) 생명을 보존할 수 있게 해줄 것이라고 말했다. 이 일은 속히 실행되어 히브리인은 살아 남았으나 이집트의 모든 첫 태생이 다 죽어버렸다. 이에 놀란 파라오가 그들을 풀어주었다. 이집트에서 탈출하는 데 성공한 유대인들은 이날을 기념해 유월절이라는 가장 중요한 명절을 기념하게 되었다.

유대인 엄마의 정체성 교육

이상이 유월절의 유래다. 유대인들은 이날을 가장 중요시해 페사흐(파스카)라고 불러왔다. 유월절은 '유월절의 어린양'을 잡고 재앙과 죽음을 면해, 자유를 얻고 구원을 받은 날을 기념하는 명절이다. 우리나라로 치자면 광복절에 해당하는 셈이다. 유대인 엄마들은 이날을 절대 명절로 여기며 온 가족을 근신케 하고 지금까지도 꼬박꼬박 지키고 있다.

우리가 설날을 기념하고 가족과 함께하기 위해 민족 대이동을 하는 것처럼 유대인들은 유월절을 기념하기 위해 대이동을 한다. 해외에 나가 있는 유대인들도 이날 가족과 모이기 위해 비행기를 탄다.

유월절 전에 텔아비브 공항으로 가기 위한 항공티켓을 구하는 것은 여간 어려운 일이 아니다. 우리네 엄마들이 설과 추석에는 반드시 가족을 모아왔던 것처럼 유대인 엄마들도 그렇게 가르쳐왔다. 이는 명절의 의미에서 나아가 민족의 정체성과도 이어지는 중요한 명절인 것이다.

유대인들은 연대 계산을 할 때 세상의 창조시기를 기원전 3760년으로 보기 때문에 2019년은 유대력으로 5779년에 해당되며 1년은 354일로 계산한다. 대이동이 일어나는 유월절 명절은 유대 달력 1월(니산월) 15일부터 일주일 동안* 계속된다.

유대인의 정체성 교육은 유월절에서부터 시작되었다. 유월절은 수천 년간 유대인을 유대인답게 하는 정체성의 근본이 되었다. 따라서 유월절 명절은 유대인에게 가장 중요한 절기다.

● 양력으로 매년 3월 말에서 4월 사이를 말함

유대인 조상들의 고통을 기억하게 한다

이스트를 넣지 않고 빵을 구울 때마다 죽음의 문턱에서 쫓겼던
조상들을 기억한다.
| 유대 격언 |

직업군인을 목표로 하는 대학의 어느 학과에서 수험생을 대상으
로 한 면접이 진행되었다.

"6·25전쟁에 대해 아는 대로 설명해보세요."

"…"

6·25전쟁은 한국전쟁을 부르는 말이다. 북한이 남한을 기습 공격
으로 침략하며 한국전쟁을 시작한 날이라 우리로서는 결코 잊으면
안 되는 날이다. 그러나 면접자 중 대다수가 제대로 대답을 못해 이
날 면접에 참여했던 면접관이 기가 막혀하며 당황했다는 이야기를
들었다. 필자 역시 충격을 받았다. 역사 의식이 이렇게 흐려지다가는
이순신 장군도 모르는 학생들이 나올까 염려된다.

이스라엘은 다르다. 유대 부모는 자신의 조상들이 겪은 피비린내 나는 전쟁의 역사를 자세히 이해하고 앞으로도 계속 기억해주기 바라며 끊임없이 역사교육을 한다. 특히 유월절 교육이 그 중에서도 으뜸이다.

유대 민족에게 유월절은 생명을 구원받은 날이라는 인식이 강하게 인식되어 있다. 유대 부모들은 유대 달력에 따른 대표적 명절인 유월절을 통해 유월절의 의식을 대대로 자녀들에게 물려주었다. 그러면 유월절 의식이란 무엇을 말하는 것일까?

그것은 무교병無酵餠을 먹으면서 조상들이 고생했던 시절을 기억하고 기념하면서 시작된다. 무교병이란 누룩을 넣지 않고 구운 빵이나 과자를 말한다. 효모, 즉 이스트를 넣지 않고 만든 빵이다. 이집트를 급하게 탈출하려다보니 이스트를 넣고 빵을 숙성시킬 시간이 없었던 것이다. 그 곤경을 잊지 말고 기억하자고 무교병을 먹으며 이를 기념하는 의식을 갖는다. 무교병에서 한자 '교酵'의 발음은 현재 '효' 하나로 굳혀졌으나, 예전 기독교 전래 당시, 개역한글판성서가 편찬되던 시절에는 '교'라고 불러 그 전통으로 무교병으로 부른다.

흔히 무교병을 맛보지 못한 이들은 인도의 전통 빵인 난naan과 맛이 비슷할 것으로 생각하지만 난은 발효된 밀가루 반죽을 탄두르에 넣어 잎사귀 모양으로 구워낸 것으로, 말하자면 유교병이다. 그러니 무교병이란 말만 들어도 유대 아이들은 별로 맛이 없다고 생각한다. 사실 무교병은 맛초matzo라고도 부르는데 유대인들이 이 절기를 지킬 때 먹는 전통 음식이다. 유대교 예배의식에서 의무적으로 사용하도록 되어 있고, 일상음식으로도 먹는다. 유월절에는 무교병을 쓴 나물과 함께 먹었다. 그런데 요즘 웰빙 바람이 불면서 이 무교병이 새로 인기를 모으고 있다.

고통의 빵이자 자유의 기념물

해마다 유대인들의 최대 명절인 유월절이 되면 무교병이 날개돋친 듯 팔려나간다. 요즘 미국 사회에서는 유대인들을 중심으로 이 맛없는 빵인 무교병이 건강식품으로 크게 인기를 모으고 있다. 무교병을 베이글빵 대신 먹기도 하며, 다양한 조리법을 가미해 점점 대중적인 음식으로 확산되고 있다. 하지만 이스라엘에선 여전히 맛없는 전통 음식의 하나일 뿐이다. 야훼 하나님께 제사를 지낼 때 곡식을 태워드리는 제사를 소제素祭라 불렀는데, 소제 예물은 언제나 무교병이었으며 남은 것은 제사장이 먹도록 되어 있었다(「레위기」 10장 12절).

유대 부모들은 여기에는 2가지 의미가 있다고 가르친다. 첫째, 누룩이 없는 것은 분별됨 또는 거룩함을 상징한다는 것이다. 그래서 하나님의 제단을 거룩하게 하거나 특별히 신성시해야 할 필요가 있을 때에는 누룩을 사용하지 않았다.

둘째, 유대인 조상들의 고통을 기억하자는 의미를 담고 있다. 이집트를 탈출할 당시 유대인들은 누룩 없이 만든 빵인 무교병을 들고 피신해 괴로운 시절을 보냈다. 퍽퍽하고 부드럽지 않아 먹기 불편한 이 무교병을 먹으면서 옛날 유대인 조상들이 겪었던 괴로운 시절을 잊지 말자는 것이다. 무교병은 고통의 빵이다. 그러나 한편으로 이집트의 속박에 벗어나 얻은 자유와 구원을 기념하는 기념물이기도 하다.

유대인들은 모든 예식마다 무교병, 즉 유월절 의식을 통해 과거 역사적 사건을 더듬어 후대가 그 체험에 간접적으로 동참하도록 해준다. 모든 유대인 엄마는 어린 자녀들 앞에서 유월절 빵을 이야기해주며 역사를 가르치는 것이다.

이날을 잊지 말자고 오늘 이걸 먹는 거야

1년에 한 번씩 유월절 의식을 치를 때 유대인들은 약 3,400년 전에 있었던 조상들의 이집트 탈출 경험을 상기시킨다. 정통 교단의 신학자 레온 우드Leon Wood는 이때가 기원전 1446년이었다고 정리했다. 그해 처음 유월절이 정해졌고, 그 후로부터 유대인들은 그날을 지켜왔다. 유대 부모들은 지금의 고통이 과거보다 낫다는 것을 말하고 싶었는지도 모른다.

이렇게 의미가 깊고 중대한 날인데도 유대인들은 고단한 삶을 살면서 한때 그 절기를 잊었다. 모세의 출애굽 수백 년 뒤에 요시야 왕은 잊혀져버린 성경을 찾아내 읽고 잘못된 삶을 후회해 회개하도록 명하고 백성들에게 유월절을 지키라고 지시했다(「열왕기하」 23장 21~23절). 그 뒤부터 유대인들은 유월절을 충실히 지켜왔다. 유월절

절기의 축제 기간은 7~8일 정도이며, 첫날밤에는 세데르라고 부르는 식사를 함께하면서 「출애굽기」 12장의 이야기를 읽는다. 이때 무교병을 먹는 게 전통이 되고 있다.

유월절 첫날에는 일단 누룩이 없는 무교병을 먹는다. 반찬도 평소와는 다르다. 쓴 풀, 쓴 나물이 반찬이라 자녀들은 밥맛이 없다며 투정을 부린다.

"아빠, 오늘 밥과 반찬이 너무 맛없었어요."

"얘들아, 오늘은 유월절 만찬일이야. 우리 조상님들은 이런 맛없는 빵과 쓴 나물을 먹으면서 이집트를 탈출해 나왔단다. 이날을 잊지 말자고 오늘 이걸 먹는 거야."

이들은 또 어린 양을 잡아 그와 함께 포도주를 마시는 예절을 거행하며, 이집트 탈출 당시 급히 양을 잡고 문설주에 피를 바르던 일을 자녀들에게 사실적으로 들려준다. 이같은 유대인 부모의 신앙교육이 자녀들을 순종케 하는 훈련이 되고 있는 것이다.

우리나라 역시 보리밥도 못 먹어서 배고팠던 시절이 있었다. 어른들은 그때를 춘궁기^{春窮期} 또는 보릿고개라고 불렀다. 쌀은 없고 보리는 아직 타작도 못하고 있을 시기라 나무뿌리를 캐먹어야만 했던 고통스러운 순간들이다.

이런 이야기를 들려주면서 어려웠던 시절을 가르쳐 주는 것이 산교육 아닌가? 그런데 아예 모이지도 않고, 가르치지도 않고, 들으려고도 않으니 그게 문제다. 역사의식이 점점 사라져 가는 것이다. 가난하고 고통스러웠던 세월을 자녀들에게 전하는 전통이 사라지고 있는 것이 가슴 아프다.

　직업상 많은 학부모와 학생을 만나게 된다. 그들은 한결같이 "그 골치 아픈 역사과목은 왜 다시 필수과목으로 등장한 겁니까?"라고 의문을 표시한다. 교육당국의 역사교육 시스템이 입시위주라 실제 시험에선 '갑오개혁은 몇 년에 시작되었나?' 식의 문제와 답에만 매달려온 탓이다. 이런 입시만을 위한 암기식 역사교육이 아닌, 유대인들이 유월절의 진정한 의미를 자녀들에게 인식시키고 가르치는 것과 같이 우리 역시 자녀들에게 정말 필요한 역사를 가르치고 전해줄 방법을 찾아야 할 때다.

3
아픈 역사에서도
교훈을 가르친다

다윗의 지혜로움을 배우고, 솔로몬의 부패를 기억하라.
| 유대 속담 |

　대표적인 유대 아버지 중 한 명으로 손꼽히는 솔로몬은 통일 이스라엘 왕국을 통치했던 마지막 왕으로, 세상에서 가장 큰 영토를 다스리면서 지중해와 인도양을 잇는 광대한 지역을 수중에 넣은 경제대국의 무역왕이었다. 세상에서 누릴 수 있는 부를 있는 대로 누렸던 그는 말년에 성경 속의 지혜서인 「잠언」과 「전도서」를 집필해 자손들에게 남겼다.

　솔로몬의 「잠언」에는 거의 20가지에 이르는 자녀교육에 관한 충언들이 담겨 있다. 이 「잠언」은 아버지 다윗왕이 솔로몬에게 왕위를 물려줄 때 그를 앉혀놓고 가르친 자녀교육 내용과 자신의 경험을 보태 발전시킨 것이다.

그 항목들만 보면 "내 말을 들어라, 내 훈계를 들어라, 내 말을 받으라, 내 권고를 들으라, 내 말에 주의하라, 지혜 있는 자의 말씀을 들으라, 지식의 말씀에 귀를 기울이라, 내 입의 말을 버리지 말라, 내 법을 잊어버리지 말라, 내 입의 말을 어기지 말라, 네 어미의 법을 떠나지 말라, 내 명령을 지켜라, 내 훈계에 착심하라, 내 훈계를 착심하라, 내 계명을 간직하라, 내 법을 지켜라, 내 말씀에 주의하라, 내 훈계를 놓치지 말라. 아비의 훈계를 주의하라" 등이다. 비슷비슷한 말이지만 솔로몬은 이 말들 속에 아들 르호보암과 그의 후손들, 「잠언」을 읽게 될 독자들에게 전하고 싶었던 간절하고도 안타까운 마음을 담았다.

많은 이가 솔로몬 하면 세상에서 가장 성공한 왕이며 또 가장 큰 부자였다고 생각한다. 어떤 측면에선 맞는 말이다. 하지만 신앙적으로 말하자면 솔로몬은 실패한 왕이다. 그 스스로 야훼 하나님 앞에서 죄를 지어 나라를 둘로 쪼개는 큰 해악을 행했기 때문이다(실제로 나라가 분열된 때는 솔로몬의 아들인 르호보암 때이지만, 솔로몬이 야훼 하나님께 불순종했기에 나라가 둘로 분열된 것이다).

그러므로 이 솔로몬의 「잠언」은 하나님의 명령을 지켜 행하되 순종하고 불평하지 말며, 각 가정에선 부모의 권위와 말씀에 복종하고, 유혹을 멀리하며, 나쁜 길로 들어서지 말라는 것으로 그 가르침을 요약할 수 있다. 그리고 동시에 솔로몬의 처절한 후회와 자기반성을 담고 있다.

솔로몬은 3천 편 이상의 「잠언」을 썼다고 하는데 지금 성경에서는

31편의 「잠언」만 전하고 있다. 왕이었던 그는 갖은 부를 누렸지만 후에 자신의 일탈과 비신앙적 행위들, 돈과 여인만 좇아 살았던 삶에 대해 깊은 후회와 반성을 했다. 하지만 그에게는 통찰력이 있었고 그로 인해 얻은 교훈을 「잠언」에 담아 아들 르호보암에게 전하고 싶었던 것으로 보인다. 아들 르호보암이 자신의 가르침을 깊이 받들어 자신처럼 살지 말고 여호와 하나님을 잘 따르고 순종하도록 가르치고 싶었던 것이다.

아픈 역사를 가르치는 유대 부모

그럼에도 불구하고 솔로몬의 아들 르호보암은 아버지의 교육 방법을 따르지 않고 가혹한 방법으로 나라를 다스리다 이스라엘 왕국을 둘로 쪼개버리는 어리석음을 범했다. 12개 지파 중에 10개 지파가 반란을 일으켜 이스라엘 북왕국이 되었고, 르호보암은 간신히 두 지파를 이끌고 유대 남왕국을 다스리게 된 것이다.

야훼 하나님 앞에 순종하지 않고 제멋대로 살던 북왕국과 남왕국이 멸망당한 것은 앞에서도 언급한 바 있다. 이때 부모와 가족이 흩어지고 포로 신세가 되어 바벨로니아로 끌려가던 모습을 시편에 기록해 두었다.

유대인 부모는 그 당시 상황을 「시편」 137편에서 가져와 자녀들에게 읽어준다고 한다.

우리가 바벨론의 여러 강변 거기에 앉아서 시온을 기억하며 울었
도다

그 중의 버드나무에 우리가 우리의 수금을 걸었나니 이는 우리를
사로잡은 자가 거기서 우리에게 노래를 청하며 우리를 황폐하게
한 자가 기쁨을 청하고 자기들을 위해 시온의 노래 중 하나를 노래
하라 함이로다

우리가 이방 땅에서 어찌 여호와의 노래를 부를까 예루살렘아 내
가 너를 잊을진대 내 오른손이 그의 재주를 잊을지로다

내가 예루살렘을 기억하지 아니하거나 내가 가장 즐거워하는 것
보다 더 즐거워하지 아니할진대 내 혀가 내 입천장에 붙을 지로다

여호와여 예루살렘이 멸망하던 날을 기억하시고 에돔 자손을 치
소서 그들의 말이 헐어 버리라 헐어 버리라 그 기초까지 헐어 버리
라 했나이다

멸망할 딸 바벨론아 네가 우리에게 행한 대로 네게 갚는 자가 복이
있으리로다

네 어린 것들을 바위에 메어치는 자는 복이 있으리로다

(「시편」 137편)

가슴 아팠던 역사를 아이에게 가르치는 구절이다. 「시편」 137편의
이 시가詩歌는 유대인들이 기원전 586년경 전쟁에서 처참하게 패하고
모조리 포로로 끌려가다가 바벨로니아 성이 보이는 강가에까지 도착

한 다음 잠시 휴식을 얻었을 때 부른 노래다.

바벨로니아 군장들은 자신의 바벨로니아 성곽이 바로 앞에 보이는 강가에 이르자 긴장이 풀리고, 포로를 데려오라는 임무를 무사히 마쳤다는 안도감도 들었을 것이다. 그래서 그들은 포로들에게 노래를 불러 피로를 풀고 자신들을 즐겁게 하라고 명한 것이다.

그러나 어디 노래가 나올 상황인가? 가족들 대부분이 창과 칼에 찔려 죽고 부상당해 피를 흘리고 있거나, 부모 자식 형제를 내버려두고 강제로 수천 리, 수만 리를 제대로 먹지도 쉬지도 못한 채 끌려왔는데 어떻게 노래를 부를 수 있다는 말인가?

그 피 흘린 슬픔을 시가로 지어 불렀던 것이 당시의 유대인들이었다. 훗날 2,500년쯤 지나 20세기 최고의 흑인 보컬그룹 보니 엠^{Boney M}이 〈리버즈 오브 바벨론^{Rivers of Babylon}〉을 발표했는데, 「시편」 137편에 곡을 붙인 노래다. 경쾌한 음악 같지만 그 속의 가사에는 피눈물 나는 유대인의 심정이 담겨 있다.

서양인들은 수양버들의 학명을 'Salix babylonica'라고 붙였는데, 여기서 babylonica는 '바벨로니아의'라는 뜻으로 「시편」 137편 속에 나오는 바벨로니아 강변의 버드나무에서 유래되었다고 한다.

유대 부모들은 이 분열 왕국 시대의 멸망 원인인 솔로몬에 대해 자녀들에게 반드시 가르친다고 한다. 그렇게 「시편」 137편을 읽고 부르며 다시는 남의 나라 포로가 되지는 않아야 한다고 역사교육을 하는 것이다.

우리나라도 반만 년 동안 전쟁 없던 시절이 거의 없었다. 강대국에 공격을 받아 영토가 유린된 적이 한두 번이 아니었다. 그런데 지금 누가 임진왜란을 이야기하며, 또 누가 한국전쟁을 기억할까? 요즘 어떤 부모가 자녀들에게 우리의 가슴 아팠던 시절을 되뇌며 다시는 전쟁을 겪지 말아야 한다고 가르칠까?

우리에게도 슬픈 역사를 담은 노래가 있다. 1956년에 발표된 대중가요 〈단장의 미아리고개〉는 한국전쟁이라는 역사적 비극과 가족을 잃어버린 슬픔을 절실히 노래한 곡이다.

> 당신은 철사줄로 두 손 꽁꽁 묶인 채로
>
> 뒤돌아보고 또 돌아보고
>
> 맨발로 절며절며 끌려가신 이 고개여
>
> 한 많은 미아리 고개

이 노래는 북한으로 끌려가는 남편의 모습을 묘사한 것이다. 전쟁의 비극을 겪었던 사람들은 그때 상황을 기억하며 눈물로 이 노래를 불렀다. 그런데 지금 이 슬픔을 그 누가 기억하고 있겠는가. 너무 옛날 노래라고 무시당하지나 않으면 좋을 법하다.

이에 반해 유대 부모들은 이스라엘의 가슴 아픈 역사에 대해 반드시 가르친다. 유대인들에게도 잊고 싶은 역사지만 이를 잊지 말고 자자손손 길이 기억하며, 앞으로 다시는 같은 잘못을 저지르지 않도록 극도로 조심하라고 가르치고 있는 것이다.

4

안식일 식탁에
반드시 동참케 한다

안식일 식탁은 생명의 보고이자 살아 숨 쉬는 심장과 같다.
| 유대 격언 |

유대 사회는 2천 년을 넘게 안식일을 지켜오면서 안식일에 온 가족이 둘러앉아 식사를 나누고 가족공동체의 의미를 다진다. 전형적인 밥상머리 교육이다. 우리는 밥상머리 전통이 점점 사라져가고 있지만 유대 전통 가정은 여전히 이 오래된 규칙을 철저히 지켜가고 있다. 유대 사회에서 안식일은 금요일 저녁부터 다음 날인 토요일 저녁까지다. 이때 온 가족이 함께 모인다.

유대인들은 이 모임의 의미를 가정생활에서 가장 중요하게 생각해 왔다. 먼저 유대인 엄마가 일주일 중 가장 풍성하고 맛있는 음식을 금요일 저녁에 차린다. 월요일이나 일요일에도 음식을 차릴 수 있지만 금요일 저녁 첫 식사를 가장 맛있게 가장 아름답게 준비하기 때문에 유대 사회의 식탁교육이 이날 이루어진다.

당연히 아이들은 어릴 때부터 이날만을 손꼽아 기다린다. 자신이 좋아하는 음식을 먹는 날이기 때문이다.

이들은 안식일 시작에 앞서 정결의식을 치른다. 안식일 정신에서 가장 중요한 것이 정결의식이다. 안식일 저녁 식사 전에 정결의식을 행하는데, 수돗물을 틀고 왼손으로 손잡이가 달린 물그릇에 물을 받아 오른손에 2번 붓고 다시 왼손에 2번 부은 후 수건으로 말린다.

유대 가정에서는 이 엄격하고 경건한 정결의식을 자녀가 4살이 되면 가르치기 시작한다. 그들은 이렇게 엄격하고 한편으로는 거추장스러운 행사를 2천 년 넘게 오래도록 계속해온 것이다. 물론 광야 생활, 포로 생활, 전쟁중, 디아스포라로 쫓겨다니던 시절에는 이를 지키지 못한 적도 있었겠지만 말이다.

안식일이 되면 먼저 2개의 초에 초를 밝히는데 이것은 유대인 엄마의 몫이다. 엄마가 안식일을 여는 것이다. 자녀들이 깨끗하게 씻고 온 몸을 정결하게 한 다음 식탁에 모이면 이미 음식 준비는 끝나있고, 잘 차려진 식탁 위에서 유대 전통의 안식일 식사가 시작된다.

가족들이 안식일 찬양을 함께하는데 〈평화가 너희들에게〉라는 곡 등을 부른다. 이후 아버지가 일어나 『키두쉬』의 한 부분을 읽는다. 키두쉬는 유대교 기도문을 모아 놓은 기도책이다. 야훼 하나님에 대한 감사와 축복의 내용을 담고 있다.

"복되신 당신은 우리의 주 야훼 하나님이시며 세상의 왕이십니다."

다음으로 아버지가 아내를 먼저 축복하고 귀하게 대하는 모습을 보여줌으로써 가정의 질서가 자연스레 세워진다.

경건한 기도 후에 아버지는 빵을 직접 손으로 뜯어 아내와 자녀에게 나누어준다. 빵칼을 사용하지 않는 것은 그것이 창조적인 일이기 때문에 안식일에 어울리지 않아서다. 칠면조 요리와 생선, 닭고기로 만든 음식들을 즐기는데 이는 엄마가 사전에 준비한 것이다. 이 식사는 그저 경건한 것에서 그치지 않고 마음껏 웃고 대화를 나눈다는 점에서 경건과 웃음이 함께하는 식탁이라고 할 수 있고, 가정 내에서 건강한 토론 문화가 작동하는 밥상머리 교육의 현장이기도 하다.

배고픔을 해결하고 어느 정도 배가 불러오면 엄마가 자연스레 한 주간에 있었던 이야기를 꺼내며 대화의 장을 연다.

"이번 주간에 우리 동네에 이런 저런 일이 있었단다. 너희도 알지? 요한 아저씨네 집에서 새 자동차를 샀는데 말이야, 맏이 시몬이 그 차를 허락없이 끌고 나갔다가 사고가 나버렸어…"하며 이야기를 시작하고 나면 자녀들의 이야기가 나오게 되고, 그 중에서 자녀들의 생각을 읽게 되며 토론으로까지 이야기가 발전한다.

한 주간에 있었던 다양한 경험도 가족끼리 같이 나누고, 자녀 세대와 부모 세대의 생각이 교감을 이루어 가족의 공감대도 형성된다. 엄마는 진지하게 이야기를 듣고 있다가 자신의 의견을 내기도 하고, 신앙적인 판단 기준으로 문제를 해결하거나 제시하기도 한다. 유대인 엄마는 자녀를 하나하나 살펴가며 그들의 건강과 현재의 문제점들을 살펴주곤 한다.

식사가 끝나면 아주 어린 자녀를 둔 가정을 제외하고는 너도나도 식탁 정리에 참여한다. 자녀들이 접시를 나르고 설거지에 참여하는 것이 당연한 일로 되어 있다.

무엇보다 놀라운 점은 유대 자녀들이 이 시간을 일주일 내내 기다린다는 점이다. 서로 바쁜 일상을 보내던 가족들이 이렇게 모인다는 점도 놀랍지만 그것을 서로 기다리고 있다는 점도 놀랍다.

이 점은 한국 가정과 너무도 대비된다. 교회 예배 후에 교인들과 감자탕 식당에 갔다가 식당 안에 1인 테이블이 열댓 개나 놓인 것을 보고 깜짝 놀랐다. 감자탕 찌개는 몇 명이서 끓여가며 먹는 요리인데, 이것을 혼자서 먹는 이들이 많아지자 식당 주인이 혼밥 밥상을 편하게 받으려고 별도로 1인 테이블을 만들어 둔 것이었다.

한국 사람 중에서 1인 가구수는 2017년 기준으로 561만 8,677가구에 이른다. 2017년 혼인 건수는 26만 4천여 건인데 반해 이혼 건수는 10만 6천 건이 넘는다. 혼밥, 혼술이 늘어나는 것은 바쁘고 개인화되는 세상에 있을 수도 있는 일이지만 직접 보니 낯선 풍경이었다. 이런 상황에서 우리 식탁 교육과 유대 사회의 안식일 식탁을 견주는 것은 무리라고 말하는 사람도 있을 것이다. 그러나 밥상머리 교육이 사라지는 것이 애석한 마음은 안타까움 자체다.

우리 사회는 점점 개인화되어 가는데 왜 유대 사회는 아직도 존속하는가? 이스라엘도 이혼율이 25%에 이른다는 보도를 본 적이 있다. 그곳도 서구화와 개인화가 진행중이다. 그럼에도 그 사회를 지탱하는 마지막 보루는 안식일 식사라는 생각이 든다.

야훼 하나님이 쉬니 우리도 쉰다

유대인 가족들은 안식일 저녁 시간에 밥상머리에 앉아 주로 「창세기」 2장 1절에서 3절을 읽는다.

천지와 만물이 다 이루어지니라

하나님이 그가 하시던 일을 일곱째 날에 마치시니 그가 하시던 모든 일을 일곱째 날에 안식하시니라

하나님이 그 일곱째 날을 복되게 하사 거룩하게 하셨으니 이는 하나님이 그 창조하시며 만드시던 모든 일을 그 날에 안식하셨음이니라 (「창세기」 2장 1~3절)

야훼 하나님이 쉬셨는데 우리가 쉬지 않을 수 없다. 이 정신이 유대교 안식일의 핵심 정신이다. 이 토라의 안식일 가르침을 유대인들은 지난 수천 년간 지켜온 것이다. 실제로 「창세기」 「출애굽기」 「레위기 민수기」 「신명기」의 성경 기록인 모세오경을 토라라고 부르는데 이 경전은 무려 3,400년 전에 기록된 것으로 추정된다. 세계에서 가장 오래된 경전을 읽으며 그것을 지키려고 애쓰는 나라가 이스라엘이다. 이것이 얼마나 오래된 기록인가 하면, 우리나라로 예를 들었을 때 단군시대다. 그 시절 기록을 성경으로 받아들이고 지키는 것이다.

한편 안식일에 유대인 엄마는 가족들을 위해 3번 식사를 준비한

다. 이 식사가 참으로 의미가 깊고 신앙적이다. 그 이유는 「출애굽기」 16장 25절에 기록된 말씀 때문이다.

> 모세가 가로되 오늘은 그것을 먹으라 오늘은 여호와께 안식일인 즉 오늘은 너희가 그것을 들에서 얻지 못하리라
>
> (「출애굽기」 16장 25절)

여기서 '오늘'이란 말이 3번 사용되었기 때문에 식사도 3번 한다고 믿어왔고 그것을 실천해왔다. 그 식사 시간에 부모는 자녀들에게 자신의 경험, 신앙적 지식과 소신을 이야기한다. 어릴 적부터 매일 매월 매년 들어온 다윗과 골리앗 이야기, 사무엘과 엘리야 선지자 이야기, 모세 이야기지만 그 속에 담긴 하나님의 사랑을 배우는 것이다.

역사를 배우기 때문에 자연스레 자기 것을 몸으로 받아들이게 되고, 어머니나 아버지로부터 부끄러운 역사와 자랑스런 역사를 함께 배울 수 있어서 가정은 훌륭한 또 하나의 교육 현장이 된다.

토라, 즉 모세오경에는 거룩한 내용들만 들어 있는 것이 아니다. 그 속에는 온갖 추문과 더러운 범죄와 이기심과 탐욕, 성폭행, 살인과 저주 등 인간의 모든 악행들이 다 들어 있다. 유대 부모는 이 토라를 있는 그대로 읽고 전하며 배울 것과 가려야 할 것을 가르치는 것이다.

5

충전과 휴식의
진정한 가치를 알려준다

기계와 사람은 움직일수록 쉼이 필요하다
| 유대 격언 |

안식일 이야기를 더 구체적으로 살펴보자. 유대 가정은 안식일에
목을 매기라도 한 것처럼 이를 준수하려고 열심이다. 유대인에게 가
장 중요시되는 규율이 안식일 준수이기 때문이다. 토라에서 이미 안
식일의 중요성을 강조하고 또 강조한 데다 십계명에서 특별히 강조할
정도로 안식일은 유대 민족의 신앙 요체다.

유대인들 중에 안식일을 지키지 않는 가정은 거의 없다. 물론 개중
에는 유대 신앙을 지키지 않고 타종교로 개종하거나 세속화된 유대
인들도 있다. 그들은 3,400년 전의 율법을 굳이 지금도 지켜야 하는
가에 대해 의문을 품은 이들이다.

그러나 그들을 제외한 대다수의 유대인은 안식일 준수를 곧 생명

처럼 여기고, 안식일을 지키지 못하는 것을 불순종 불신앙으로 여긴다. 따라서 유대인 엄마는 자녀가 4살이 되면 무조건 안식일 준수를 가르치기 시작하며, 유대 자녀들은 이를 반드시 지켜야 할 가장 큰 계명으로 받아들이고 있다.

안식일은 샤밧sabbath day이라고 부른다. 이날은 유대인에게 어떤 의미일까? 앞에서도 이야기했지만 안식일은 태초에 세상을 창조한 여호와의 창조적 업적에서 시작된 날이다.

> 안식일을 기억하여 거룩하게 지키라
>
> 엿새 동안은 힘써 네 모든 일을 행할 것이나
>
> 일곱째 날은 네 하나님 여호와의 안식일인즉 너나 네 아들이나 네
>
> 딸이나 네 남종이나 네 여종이나 네 가축이나 네 문안에 머무는 객
>
> 이라도 아무 일도 하지 말라
>
> 이는 엿새 동안에 나 여호와가 하늘과 땅과 바다와 그 가운데 모든
>
> 것을 만들고 일곱째 날에 쉬었음이라 그러므로 나 여호와가 안식
>
> 일을 복되게 하여 그 날을 거룩하게 하였느니라
>
> (「출애굽기」 20장 8~11절)

이 토라의 십계명 구절이야말로 안식일의 절대적 기준이 되고 있다. 이 안식일의 율법이 있음으로 인해 유대인 사회의 정체성이 그토록 오랫동안 지켜졌다는 것은 분명하다.

이 안식일에는 모든 창조적인 것을 멈춘다. 일하는 것 자체가 신의

명령을 어기는 것이 되니 하던 일을 멈추고 원래의 안식으로 돌아가 자는 것이다.

이 점이 우리 사회와 다른 부분이다. 유대인들은 이 안식일을 위해 모든 일상을 멈춘다. 우리는 일요일에도 스트레스를 풀고 여가를 즐긴다고 등산·낚시·운동·영화관람·여행 등에 자신을 던져 넣는다. 반면에 유대인들은 안식일에 모든 것을 그대로 멈춰서 자신과 가정을 돌아보는 시간을 갖는다. 이것이 두 민족이 쉬는 방법의 차이점이다.

멈춤은 충전과 휴식이다

이스라엘에 가서 안식일 날 함부로 차를 몰고 다니다가는 돌이 차량 앞유리로 날아드는 것을 각오해야 할 수도 있다. 안식일에 이스라엘에서도 전통을 특별히 더 고수하는 거리나 유대 전통마을에 가면 자동차 운행은커녕 인적조차 찾기 힘들다. 거리에서 사람을 보기 힘들 정도로 거리가 정적에 빠진다. 이것은 미국의 유대 정통마을에서도 찾아볼 수 있는 풍경이다.

외국인들은 이스라엘의 안식일을 실제 접하고서야 진짜 이스라엘과 유대인을 알게 된다. 유대인들이 얼마나 종교적이며 신앙심이 깊은지를 말이다.

금요일 밤에 시작해서 토요일까지 계속되는 이 24시간의 안식일

기간 동안 유대인은 비즈니스와 관련된 모든 것들을 하지 않으며, 불을 피우거나 식물을 키우기 위해 나무에 물을 주거나 기록을 위해 무엇을 쓰거나 지우는 것조차 하지 않는다. 소위 창조적인 일은 아예 접어두는 것이다.

원래는 거주지에서 이동하는 것 자체를 금했는데 이후에 현실적인 적용을 두어서 안식일에 움직일 수 있는 거리를 최대 900미터 정도로 한정했다는 이야기도 있다. 이를 엄격하게 적용하며, 가정에서 꼼짝도 하지 않고 조용히 안식하는 이들도 많다.

유대 부모님은 자녀들에게 이 규정을 가르치기 위해 아이들을 직접 데리고 다니며 안식일을 현명하게 지켜가는 모습을 가르치곤 한다. 아이들에게 각 방마다 불을 켜지 못하도록 테이프를 붙여두라고 권한다. 무의식중에 자다가 일어나서 불을 켜는 버릇이 발동할까봐서다. 그러면 무의식중에 안식일을 범하게 되기 때문이다. 안식일에는 창조적인 것을 하면 안 되는데 불을 켜는 것도 창조 행위라고 보는 것이다. 화장실의 전등도 미리 켜두도록 하고, 끄지 못하게 테이프를 붙여두라고 가르친다. 일일이 이런 식으로 각 방을 돈다. 거실·복도·안방·지하실 등을 돌며 불단속과 문단속을 철저히 가르치는 것이다.

한편 갓난아이가 있는 집안에서는 엄마가 아기에게 먹일 우유를 미리 타둔다. 그리고 불 위에 물을 가득 담은 큰 그릇을 놓고 그 속에 우유병을 넣어 우유가 오랫동안 따뜻할 수 있도록 한다. 아니면 가스레인지를 약불로 켜놓고 사용하는 방법을 택하기도 한다.

만약에 금요일 낮에 잔디에 물을 주기 위해 마당에 있는 스프링쿨러를 틀어놓았다고 가정해보자. 샤밧이 시작되면 아무도 이를 끌 수 없다. 스위치를 켜고 닫는 것도 창조적 행위라고 보는 것이다.

심지어 20층짜리 종합병원이라면 엘리베이커 스위치도 다 켜두어야 한다. 매층마다 서는 불편함을 그들은 감수한다. 전문의, 간호사도 다 철수하고, 이스라엘인이 아닌 아랍인이나 동양인 아프리카인들이 그들의 역할을 대신한다. 이스라엘에는 100만 명에서 150만 명 정도의 외국인, 그들 말로는 이방인이 거주하며 안식일에 혹시라도 일어날 비상사태를 지켜가고 있다.

안식일을 이야기할 때 이들이 어느 정도 철저히 지키는지를 보여주는 극단적인 사례가 있다. 바로 6일 전쟁이다. 1948년 독립한 이스라엘은 이웃 아랍국들과 불안한 상황을 유지하고 있었다. 그러나 1967년 이집트 대통령 나세르가 시나이 반도에 주둔한 유엔군을 내몰아내고 일방적으로 해협을 봉쇄한 다음에 이스라엘 선박의 통과를 금지시키면서 두 나라가 다시 전쟁을 시작했다. 이때 이스라엘은 선제공격으로 단 6일 만에 이집트, 요르단, 시리아를 격파했다. 1967년 6월 5일부터 단 6일 만에 세 나라 군대를 차례로 격파하고 대승을 거두었는데, 전쟁 전에 이들은 이미 6일 전쟁을 철저히 준비하고 그 다음 날 안식하기로 결정했던 것이다. 전쟁중에도 안식하는 나라, 이것이 이스라엘이다.

우리 자녀들은 그런 것보다 더 궁금한 것이 있을 것이다.

"그러면 TV나 휴대폰은 어떻게 해요? 그건 켤 수 있나요?"

유대 가정에서 안식일에 TV를 켜는 모습은 절대 볼 수가 없다. 휴대폰은 아예 꺼둔다. 원시 사회로 돌아가는 듯한 모습이다. 아예 TV가 없는 가정도 수두룩하다. 왜 이렇게 불편하게 사는지를 물어보면 유대인들은 이렇게 설명한다.

"하나님이 쉬셨기 때문에 우리도 쉽니다."

"이건 불편함이 아니라 충전과 휴식입니다."

이 대답이야말로 안식일의 개념을 충분히 이해한 대답이다. 이스라엘에서 안식일만큼 이스라엘 신앙을 대표할 만한 것은 없다. 즉 안식일이 없으면 이스라엘은 없는 것이나 마찬가지다.

우리나라의 경우 일요일 휴무라는 개념이 발전해 토요일과 일요일 이틀간의 휴무가 공식화되었다. 우리는 사람이 쉬어야 하기 때문에 쉰다고 생각한다. 그러나 유대인 엄마들은 하나님이 쉬었기 때문에 쉰다고 믿는다. 인류는 언제부터 쉬었는가? 그 출발을 유대인 엄마들은 유대교 하나님의 안식일에서 찾고 있는 것이다.

사실 우리는 왜 쉬는가? 잘 쉬어야 일할 때 더 열심히 일할 수 있기 때문이다. 그러나 주말에 제대로 쉬지 않고 계속해서 뭔가를 하기 때문에 월요일 출근날이 너무 부담이 되고 월요병이 생기는 것이다. 그런 의미에서 보자면 전통적인 안식일을 지켜가며 아무것도 하지 않고 충전의 시간을 가지는 유대인들의 모습이야말로 바람직한 모습이라고 할 수도 있을 것이다.

6

십계명과 7계명을
반드시 지키게 한다

율법은 유대인의 훈장이고, 유대인답게 살게 하는 지침서다.
| 유대 격언 |

유대인 엄마는 자녀가 성장하면서 말귀를 알아듣기 시작하면 십계명을 먼저 가르치기 시작한다. 아직 어린 아이들이라 무슨 말인지도 모르고 따라하지만 이 계명이 입에 익고 몸에 익을 때 즈음이면 떼려야 뗄 수 없는 영적 무기가 된다. 마치 우리가 구구단을 한 번 외우고 나면 평생을 써먹듯 십계명도 그러하다.

십계명은 유대인들의 헌법이다. 유대인의 지도자 모세가 홍해를 건너 탈출한 다음, 시내산 광야에서 여호와 하나님으로부터 꼭 지켜야 할 십계명을 돌판으로 받았을 때부터 이 율법은 유대인들이 반드시 지켜야 할 최고의 헌법이 되었다.

십계명은 다음과 같다.

- 제1계명 : 나는 너를 애굽 땅, 종 되었던 집에서 인도해낸 네 하나님 여호와니라. 너는 나 외에는 다른 신들을 네게 두지 말라.

- 제2계명 : 너를 위해 새긴 우상을 만들지 말고 또 위로 하늘에 있는 것이나 아래로 땅에 있는 것이나 땅 아래 물 속에 있는 것의 어떤 형상도 만들지 말며 그것들에게 절하지 말며 그것들을 섬기지 말라. 나 네 하나님 여호와는 질투하는 하나님인즉 나를 미워하는 자의 죄를 갚되 아버지로부터 아들에게로 삼사 대까지 이르게 하거니와 나를 사랑하고 내 계명을 지키는 자에게는 천 대까지 은혜를 베푸느니라.

- 제3계명 : 너는 네 하나님 여호와의 이름을 망령되게 부르지말라. 여호와는 그의 이름을 망령되게 부르는 자를 죄 없다 하지 아니하리라.

- 제4계명 : 안식일을 기억해 거룩하게 지키라. 엿새 동안은 힘써 네 모든 일을 행할 것이나 일곱째 날은 네 하나님 여호와의 안식일인즉 너나 네 아들이나 네 딸이나 네 남종이나 네 여종이나 네 가축이나 네 문안에 머무는 객이라도 아무 일도 하지 말라. 이는 엿새 동안에 나 여호와가 하늘과 땅과 바다와 그 가운데 모든 것을 만들고 일곱째 날에 쉬었음이라. 그러므로 나 여호와가 안식일을 복되게 해 그 날을 거룩하게 했느니라.

- 제5계명 : 네 부모를 공경하라. 그리하면 네 하나님 여호와가 네게 준 땅에서 네 생명이 길리라.

- 제6계명 : 살인하지 말라.

- 제7계명 : 간음하지 말라.

- 제8계명 : 도둑질하지 말라.

- 제9계명 : 네 이웃에 대해 거짓 증거하지 말라.

- 제10계명 : 네 이웃의 집을 탐내지 말라. 네 이웃의 아내나 그의 남종이나

   그의 여종이나 그의 소나 그의 나귀나 무릇 네 이웃의 소유를

   탐내지 말라.

유대인 엄마는 이 가운데 신앙적으로 가장 중요한 야훼 하나님 아버지를 함부로 부르지 못하게 한다. 하나님 이름을 망령되게 부르지 말라는 십계명 때문이다.

그래서 유대 아버지는 가정에서 기도할 때 늘 히브리어로 '아도나이^{Adonai}'를 불렀다. 아도나이는 히브리어로 '주님'을 뜻한다. 여기서 주님이란 내 인생의 주인이 하나님이라고 고백하는 것이다.

한편 신약 시대에 유럽으로 이주한 디아스포라들은 하나님을 헬라어(고대 그리스어)로 '퀴리오스^{Kyrios}'라 불렀고, 라틴어로는 '도미누스^{Dominus}'라고 불렀다. 그만큼 야훼 하나님에 대한 절대 신앙과 존경심을 표명해온 것이다.

이 십계명 가운데 유대 부모들은 신앙적인 것 외에 공동생활에 대한 규칙을 대단히 강조해 가르쳤다. 간음·절도·참소·탐심 등을 경계하며 이런 잘못을 저지르면 천국에 가기를 소망할 수 없다고 가르쳤다.

유대인들의 7가지 계율

한편 유대 공동체 사회에는 사회 구성원들이 각자 지켜야 할 또 다른 계명들이 있다. 이것은 자녀들이 아닌 유대 사회에 들어와 일하거나 공부하는 비유대인들에게 주는 계명이다.

유대 사회를 유대인만으로 이루어진 단일 집단으로 생각하는 것은 곤란하다. 그들 사회를 동경해서 이스라엘로 들어온 외국인들도 있으며, 유학을 오거나 일자리를 찾아온 외국인들도 적지 않기 때문이다. 특히 외국인들은 파출부나 일용직 노동자, 간호사, 건설 전문직 등 다양한 직종에서 일하고 있는데 유대인들이 외국인들을 가장 필요로 할 때는 안식일이다.

안식일은 금요일 저녁부터 토요일 저녁까지로, 대부분의 직장과 일터 사업장이 문을 닫는다. 하지만 꼭 운영해야 할 곳도 적지 않다. 예컨대 병원이다. 유대인 전문의가 안식일을 지키면 병원을 닫아야 하기 때문에 아랍계나 유럽계, 동양인 전문의를 섭외해 대신 근무하게 하는 것이다. 물론 산파나 간호사도 마찬가지다. 그러다 보니 유대 가정이나 직장에 깊이 개입하는 외국인들이 많아지고 있다. 그에 따라 유대인들은 외국인들에게 유대인 사회에서 지켜야 할 규율을 제시하고 있는데 그것이 바로 7계명이다.

비유대인에게 신앙을 권유하지는 않지만 대신 유대 사회 안에서 유대계와 비유대계가 서로 평화로운 관계를 유지하기 위해 비유대인들에게 7가지 계율은 지켜주도록 요구한다.

- 1계명 : 살아있는 동물을 죽여서 바로 날고기로 먹지 말 것. 유대인들은 모세오경에 나온 대로 생명을 피째 먹지 않는다. 그러니 날것으로 먹는 것은 절대 불가해 받아들일 수 없고 비유대계도 여기에 협조해 주도록 강요하고 있는 것이다.
- 2계명 : 남을 욕하지 말 것. 유대인 아버지들은 '샬롬'이라는 인사말처럼 평강을 원한다. 평화로운 가정이나 직장을 원하기 때문에 비유대계도 서로 욕하지 말고 남의 뒷담화를 하지 말자는 것이다.
- 3계명 : 도둑질하지 말 것.
- 4계명 : 법을 어기지 말 것.
- 5계명 : 살인하지 말 것.
- 6계명 : 근친상간하지 말 것. 특히 아랍계에서 이스라엘로 이주해온 비유대계 가운데는 부녀·형제자매·삼촌·사촌·고종 간 등 가족간에 이주해온 이들이 많았는데 이들이 근친상간에 빠져 질서가 문란해진 경우가 많았다고 한다. 이에 대한 질서를 가르치는 것이다.
- 7계명 : 불륜 관계에 빠지지 말 것.

7계명에서의 '불륜'이란 상사와 부하직원 간도 포함되지만 주로 유대계와 비유대계의 불륜을 차단하자는 의미가 훨씬 강하다. 유대계는 원래 선교라는 것이 별로 없다. 비유대계사람들과는 말도 섞지 않고, 관심도 주지 않는 것이 원칙이기 때문이다. 그런데 시대가 흘러 타민족과의 교류가 많아지면서 유대계와 비유대계 간의 결혼, 즉 불륜이 발생하는 일이 많았기에 이를 금지하자는 것이다.

가문을 지킬
의무를 부여한다

유대인은 과거에 친척이나 조상의 이름을 그대로 가져와 자녀의 이름을 지었다.
| 유대 풍습 |

유대 부모의 이름 짓기는 다른 나라와 딴판이다. 그들은 독특한 공
동체 전통으로 조상의 이름을 그대로 가져와 쓰는 경우가 많다. 그만
큼 가문을 중시한다. 조상의 이름을 자랑스럽게 여기고, 이를 알리는
데 인색하지 않다.

유대인들은 이름의 의미를 대단히 중요하게 여겨 출생 순간의 의
미도 이름 속에 과감하게 부여하는 전통이 있다. 최근에 와선 많이
변화되고 있다고 해도 이런 전통은 여전하다.

요즘에 와선 덜하지만 심지어 나쁜 뜻도 이름에 그대로 남겨 교훈
으로 삼게 한다. 유대 부모는 직접 아들딸의 이름을 짓거나 랍비에게
찾아가 이름을 받는다. 이런 사실은 『구약성경』에도 자주 나오므로

기독교인들은 익히 알고 있는 사실이다.

필자가 유럽 순회 특파원으로 체코에 체류하면서 한 유대인 회사원을 만난 적이 있다. 이 친구는 일본어를 할 줄 아는 유대인이라 일어를 전공한 필자와 쉽사리 이야기를 나눌 수 있었다. 대개의 유대인들이 2~3개 정도의 국어는 자유자재로 구사하기는 하지만 그 중 일본어를 자유롭게 구사하는 유대인은 많지 않은 편이어서 반가운 마음에 더듬더듬 말문을 트기 시작했다. 보통 외국에 나가면 흔히 듣는 질문부터 날아왔다.

"너 일본에서 왔니?"

"아니."

"중국?"

"아니, 한국. 서울에서 왔어."

"오호, 그 조그만 나라? 전쟁을 겪은 나라에서 오다니…. 그런데 넌 어떻게 일본어를 할 줄 아는 거니?"

"대학교에서 배웠어. 넌 어디서 배웠는데?"

"중국하고 일본으로 배낭여행 갔다가 일본어를 배우기 시작했어. 한국에도 가볼 걸 그랬다…. 그때는 시간이 없어서 중국하고 일본만 들렀거든."

이렇게 수다를 떨면서 친해졌다. 필자는 유대 사회에 대해 궁금증이 많았기에 그에게 이것저것 물었고, 특히 교육 문제에 대해 물어보게 되었다.

이 친구가 말하는 유대 사회는 그 당시 내게 경이로움 그 자체였다. 자기 아버지의 교육 방식에 대해 그는 너털웃음을 터뜨리며 이렇게 말했다.

"아버지는 보수 꼴통이셨어!"

뿌리를 중요시해야 한다면서 늘 족보 이야기를 되풀이해 귀에 딱지가 앉을 지경이었다고 했다. 심지어 5대조, 10대조 할아버지 이름까지 가르쳐주며 혈연의 중요성을 말하고, 가정의 중요성을 강조했다는 것이다.

그의 이름이 '카르미'였던 것으로 기억하는데, 듣기로는 자신의 조상이 유대인의 가장 정통파인 유다 지파의 직계후손이면서 유다 집안에서 죄를 지어 버림받은 자라고 했다. 나중에 국내에 들어와서 그의 이름을 성경에서 찾아보니 과연 비슷한 이름이 있었다. 『구약성경』「역대기상」 4장 1절에 '유다의 아들들은 베레스와 헤스론과 갈미와 훌과 소발이라'고 기록되었는데 이것은 유다 후손의 대표적인 이름을 나열한 것이다.

자세히 보니 유다의 세 아들은 먼저 죽었고, 그 후에 낳은 베레스와 세라 형제가 유다 집안을 번영케 한 것임을 알 수 있었다. 세라의 아들 5명 가운데 지므리라는 장남이 있었고, 지므리의 아들이 갈미, 즉 카르미였다.

카르미라는 말은 원래 포도원이라는 말인데 당시 유대 족장으로서 이름을 날렸으나, 아들 아간이 적과의 전쟁에서 야훼 하나님의 명을 어기고 금은보화를 훔쳐 착복함으로써 아골 골짜기에서 가문이 멸망하는 불행을 겪었다고 한다. 그 중에 하나가 살아남아 후손을 이루었는데 그 가문의 조상이 당시 사건을 기억하면서 후손들에게 늘 교훈을 삼도록 했다는 것이다. 자신의 이름에 카르미라는 저주스러운 이름을 쓴 것도 그런 이유라고 했다. 우리 같으면 절대 쓰지 못할 이름이었다.

이름의 소중함을 깨닫게 하라

필자는 카르미의 부친이 어떻게 그런 사건과 관련된 부족장의 이름을 자신의 아들 이름으로 붙였는지 도무지 이해하기 어려웠다. 한국에선 자녀의 이름을 좋은 한자 이름이나 순우리말로 이름을 붙여 지으면서 좋다는 단어는 다 붙이는 것이 상식이다. 어느 누가 자기 자녀 이름에 저주받은 이름을 가져가 쓰겠는가.

그러나 유대인들은 자녀의 이름에 특별한 의미를 부여하면서 이름 자체가 교훈이 되도록 짓는 경우가 많다고 한다. 『구약성경』을 보니 실제로 그렇게 이름을 지은 이들이 꽤 있었다.

『구약성경』「호세아서」는 기원전 732년쯤 활동하던 예언자이자 선지자 호세아가 기록한 책이다. 그는 이스라엘의 뛰어난 선지자였으나 어느 날 하나님의 명령을 받아 창녀와 결혼한 불행한 인물이다. 비록 하나님의 명령이었다고 해도, 거룩하고 참되다고 평가받던 하나님의 선지자가 창녀와 결혼한 사건은 당시 이스라엘 사회를 뒤흔들었을 것이다. 오랫동안 "저기 이스라엘 땅에서 하나님의 유명한 선지자가 창녀랑 결혼했대!" 하는 소문이 돌고 돌았을 것이 분명하다.

게다가 이 창녀와 결혼한 호세아는 자녀 셋을 두었는데, 딸 이름을 지을 때도 하나님의 명령에 따라 로루하마라고 지었다. 로루하마 Loruhamah 란 히브리어로 '자비를 받지 못한 자'라는 의미다. 선지자 호세아가 부정한 아내 고멜에게서 얻은 딸 이름을 이렇게 지어놨으니, 이 딸은 분명 한평생 자신의 이름을 속상해하며 살았을 것이다.

신학자에 따르면 저주받은 이름을 받은 유대인 자녀들은 이름을 고쳐 2개의 이름을 갖기도 했다고 한다. 요즘은 나쁜 이름을 붙여 자녀의 이름을 짓는 유대인 관습은 자취를 감추었지만 토라에 나온 위대한 선지자나 위인들의 이름을 붙이는 그들의 작명 관습은 여전히 남아 있다.

종종 미국인들의 이름에서 유대식 이름을 볼 수 있는데 이는 그가 유대인의 후예라는 간접적 증거로 볼 수 있다. 조슈아, 에이브러햄, 새뮤얼, 데이비드, 존, 제이콥, 가브리엘, 미카엘 등의 성경적 이름이 자주 등장하는 것은 다 그런 연유에서다. 조슈아는 여호수와, 에이브러햄은 아브라함, 데이비드는 다윗, 새뮤얼은 사무엘, 존은 요한, 제이콥은 야곱, 가브리엘이나 미카엘은 천사장의 이름에서 나온 것이다.

유대인 이름에는 조상과 이름이 같은 이들도 대단히 많다. 한 가문 안에 동명이인이 많다보니 성경에 보면 눈의 아들 호세아, 야곱의 아들 요셉 등 아버지가 누구인지 반드시 밝혀 적고, 그 다음에 자녀의 이름을 써놓은 경우를 자주 보게 된다. 아버지 삼촌의 이름을 붙이기도 하고, 3대조나 5대조 할아버지의 이름을 다시 쓰는 경우도 흔하다. 이렇게 가문 대대로 조상의 피가 면면히 전해져오고 있는 것이다.

또한 유대인들은 그들만의 독특한 작명 관습 덕분에 자신들 가문의 내력을 알고 있다. 그 중에는 가문의 내력을 꿰뚫고 있는 이들도 적지 않다.

특히 유대인의 이름 중에는 성경에서 빌려온 이름이 많아서 성경적 내력도 함께 전해지므로 유대인이 자신의 뿌리를 잊을 일은 절대 없다. 그래서인지 대다수의 유대인은 가족과 가문에 특별한 사랑과 집착을 갖고 있다. 그러니 데이비드(다윗), 요셉, 존 같은 흔한 이름도 유대인 가문이라면 한 가문 안에서도 수십 명이 있을 수 있고, 이스라엘 전체에선 수천, 수만 명이 존재할 수도 있는 것이다.

어쨌든 참 놀라운 민족이라는 것을 다시금 깨닫게 된다. 그렇다고 해도 유대인 부모가 자식의 이름에다 가문의 이름이 갖는 부정적 의미를 담을 정도로 막강한 힘과 권한을 갖는다는 사실은 필자에게 불편함과 기이함 그 자체였다. 유대인들이 오늘날까지 자신들과 관련된 것이라면 아무리 사소한 것조차도 잊으려 하지 않으며 기어코 인과 관계를 정리하려고 드는 것은 다 이런 연유에서라고 생각된다.

나쁜 것조차 기억해 전통으로 삼으며 이를 교훈으로 전해주는 유대 부모들. 그들이 있어 유대 사회가 오늘날까지 건강하게 유지되는 것이다.

『탈무드』란 도대체 무엇인가?

　『탈무드』의 시작을 어디로 볼 것인지에 대해 여러 가지 학설이 있지만 창세기 시대부터 구전되어온 것이 『구약성경』이라고 생각한다면 인류의 기원 때부터 『탈무드』가 전해져온 것이니 최고(最古)의 저작물이자 최다 분량의 최초 저작물이라고 해도 틀린 말은 아닐 것이다.

　또 다른 학설은 『탈무드』를 유대인들의 포로 시대에 생겨난 것으로 본다. 원래 유대인들의 조국 이스라엘은 사울, 다윗, 솔로몬, 이렇게 3명의 왕이 통치할 때만 통일왕국으로 있었다. 성경의 기록에 따르면 유대인들은 솔로몬 이후 하나님께 죄를 지어 이들의 나라가 갈라졌는데, 북이스라엘 왕국과 남유다 왕국으로 나뉜 남북국 시대로 오래 살았다. 그러다가 기원전 722년 북이스라엘 왕국이 아시리아 제국에게 먼저 멸망당하고, 기원전 586년 남유다 왕국이 바벨로니아에게 멸망당한다. 이들은 이후 나라 없이 사방을 떠돌아 다녔으니 2천여 년간을 나라 없이 살다가 1948년에 팔레스타인에 돌아와 다시 나라를 일으킨 것이다.

　한편 남유다 왕국을 점령한 바벨로니아 지도자들은 유다 왕국에서 쓸만한 인재들을 모조리 포로로 잡아가버렸다. 성전이 무너지고 나라가 없어진 상태에서 포로로 잡혀간 이들은 자신들의 정체성을 지켜갈 무엇인가가 간절히 필요했다. 즉 유대인 지도자들은 학문이나 신앙, 풍속들이 바벨로니아에 동화되지 않기 위해 새로운 교육 시스템이 필요했던 것이다. 이에 랍비는 회당을 중심으로 사람들을 가르쳤는데 신앙·언어·풍습·문화·전통 등을 철저히 지키도록 교육하기 시작했다.

이때 교육 교재로 활용한 것이 『미드라쉬midrash』와 『미쉬나mishnah』 그리고 『탈무드』였다. 『미드라쉬』는 토라를 해석한 일종의 설교집이자 해설서다. 『미쉬나』는 토라에 기록되지 않은 하나님의 말씀을 기억하게 하고, 당시 시대상에서 만나는 현실적인 문제점을 해석하고 가르쳐주는 토라의 해설집이다. 『탈무드』는 서기 200~500년 사이에 『미쉬나』에 생활별·사례별 실천 사항을 보탠 것이라고 보면 된다.

이 대단한 경전 실천사례집을 6개의 카테고리로 나누고 63권의 작은 책으로 꾸민 것이 오늘의 『탈무드』다. 『탈무드』는 팔레스타인에서 나온 『예루살렘 탈무드(서기 275년경)』와, 바벨로니아 포로 시절에 티그리스강과 유프라테스강 유역의 메소포타미아 지방 문명권에서 만들어진 『바벨로니아 탈무드(서기 499년경)』로 나뉜다. 그런데 이 『탈무드』에 대한 해석이 날마다 새로워지고 가필加筆되고 있다는 점을 감안하면 결국 『탈무드』는 가장 오래되었으면서 현재도 진화하는 지혜의 책이라고 할 수 있다. 유대인들은 『탈무드』를 통해 전해 내려온 그들의 신앙과 교육을 지금도 계속 전하고 있다. 즉 『탈무드』는 과거형이 아니라 현재진행형이고 미래진행형인 것이다.

유대인 엄마 못지않게 아버지도 절대적 권위를 지키며 자녀교육에 동참한다. 스스로 모범을 보이고 솔선수범하며 전통과 신앙을 가르치고, 가족을 사랑으로 대한다. 유대 아버지는 해야 할 것과 하지 말아야 할 것을 어릴 적부터 자녀들에게 가르치기 때문에 절대 자녀들로부터 손가락질 당하지 않는다. 그 권위는 조상들로부터 내려온 것이며, 스스로 만들어내고 다음 세대에 물려주는 것이다.

6장

남편의 권위를
살려주는 유대인 엄마

1

아버지의 표상은
민족의 영웅인 모세

토라, 출애굽, 십계명의 가장 중요한 주인공은 모세다.
| 유대 속담 |

요즘 세대는 '모세' 하면 애니메이션 영화 〈이집트 왕자 모세〉를 떠올릴 것이다. 그러나 모세는 이집트 대탈출의 영웅이고, 유대인에게는 모든 백성의 아버지 같은 존재다.

1967년 제3차 중동전쟁이 발발했을 때 아랍 전체와 싸워 승리를 거두었던 장군 이름이 모세 다얀Moshe Dayan이다. 이스라엘에서 '모세' 하면 최고 지도자를 떠올릴 정도로 이 이름은 상징적이다. 모세는 그리스도교권보다 유대인 남자들에게 흔한 이름이다. 유대인들을 이집트 파라오에게서 구해낸 영웅이기에 유대 아버지들이 아들에게 모세라는 이름을 즐겨 붙이기 때문이다.

이스라엘의 아이들은 어릴 때부터 성경을 통해 모세를 귀에 박히도록 배우고 또 배워왔다. 또한 이스라엘 대학생들이 쓴 논문 가운데 모세만큼 다양한 주제로 다뤄지는 인물도 역사상 없다고 한다. 리더십·영웅·전사·왕자·이집트·통치자·법관 등을 주제로 한 모세에 대한 다양한 논문들이 나와 있다.

이런 것을 보면 모세가 얼마나 출중한 인물이었는지 짐작해볼 수 있다. 모세는 유대인 모두가 존경하는 위대한 지도자이자 아버지였다. 모세에 대해 더 자세히 알아보자.

이집트 왕자 출신인 모세

초년에는 유대땅 갈릴리 지역의 저항군 사령관이기도 했으며, 후일 로마군에 투항해 저명한 역사가로 이름을 날린 플라비우스 요세푸스Flavius Josephus라는 인물이 있었다. 그는 서기 66년부터 73년까지 유대 민족주의자들이 로마에 대해 일으킨 반란에 초기 가담해 갈릴리 지휘관으로 싸우다가 반란이 실패하자 투항해 로마에 살면서 책 쓰는 일에 몰두했다.

플라비우스 요세푸스가 쓴 『유대전쟁사The Jewish War』는 서기 1세기 이전에 대한 기록이 거의 전무한 중근동과 지중해 국가들에서 로마 시대까지를 상세하게 기록해 가장 귀한 역사적 사료를 제공해주고 있다. 요세푸스는 모세에 대해 이렇게 기록했다.

"이집트에서 왕자로 살던 시절에 모세는 온갖 공적을 쌓았고, 잘

생긴데다 총명했으며, 알파벳을 발명했고, 수학·철학에도 능했는가 하면, 시인의 자질도 뛰어났다."

모세가 「창세기」「출애굽기」「레위기」「민수기」「신명기」와 같은 5권의 성경을 직접 썼다고 전해오기에 이를 모세오경이라고 불러 왔다. 그가 태어나기 전 기록은 구전으로 듣고 배운 것을 옮겨 적었으며, 그 당시 그가 겪은 모든 사건도 성경에 적었다. 무려 기원전 1400년보다 더 이전의 일이었으니 우리나라로 생각해보면 단군시대 중반이었을 것이다. 그 시대에 모세는 이미 문자로 성경을 기록하고, 숫자를 만들었으며, 철학·수학·문학에 통달했던 것이다.

모세는 원래 히브리인이었다. 당시 이집트 파라오는 히브리인들이 너무 늘어나서 세력을 키울 것을 두려워했다. 그래서 사내아이들은 낳자마자 다 죽이도록 명령했고, 모세의 엄마가 차마 죽이지 못해 나일강에 갈대상자에 넣어 버린 것을 파라오의 딸이 주워 양자로 길러냈다. 거기서 그는 왕자로 성장하면서 40년을 살았다. 모세의 이름 뜻이 '건져낸 자'라는 것은 여러 가지 의미를 갖고 있다.

모세는 이집트 왕자로 살던 시절 말년에 유대 노예를 괴롭히던 인물을 살해했는데 이 일이 발각되어 미디안 광야로 도피한다. 그는 거기서 외롭고 쓸쓸한 삶을 살았다. 결혼을 하고 자녀를 낳으며 양치기로 40년을 살았다. 야훼 하나님은 모세가 80세 때 그를 불러내 이집트 탈출의 지도자로 삼았다. 그는 히브리 동포를 고난에서 건져낸 자가 되었다.

출애굽의 영원한 지도자

고고학이나 금석문학^{金石文學} 연구 결과를 보면, 성경에 기록된 유대인 무리의 이집트 입국, 이집트 탈출, 여호와 유일신 종교의 채용, 가나안 정복 등 그 대체적인 줄거리가 역사적 사실에 아주 가까운 것으로 인정하고 있다. 더불어 이 역사적 사실의 중심인물로서 모세의 실재성이 매우 높다고 한다.

상당수의 학자는 모세를 이스라엘의 종교 지도자이자 민족 영웅으로 보며, 대탈출 시기를 람세스 2세 시대인 기원전 13세기경으로 추정하고 있다. 반면 기독교인들은 구체적으로 기원전 1446년으로 받아들이고 있다. 모세는 이집트 탈출 후 여호와의 명으로 홍해를 건너는 기적을 보인 후 광야에서 40년간을 유랑하다가 팔레스타인 입성 직전에 숨을 거두었다. 그의 나이 120세였다.

이 같은 파란만장하고 기적적인 생애를 가진 모세를 배우고 가르치는 것은 전통적으로 유대 아버지의 몫이었다. 우리가 이순신 장군이나 세종대왕의 삶을 외우고 본받으려는 그 이상으로 유대인들은 모세에 흠뻑 빠져 있는 것이다. 그리고 그 중심에는 유대 아버지들의 신앙교육이 자리잡고 있다.

2

아버지만 앉을 수 있는
엘리야의 의자

자녀는 아버지의 자리에 앉아서는 안 된다.
| 탈무드 |

우리나라의 자녀교육에서 아버지는 완전히 소외되었다. 학교에 가서 담임선생님을 만나는 것도 엄마가, 자녀의 진학지도를 위해 학원에 가는 것도 엄마가, 심지어 과외·취미활동으로 스키를 할 것인지 수영을 할 것인지에 대한 선택도 전부 엄마의 몫이다. 여기에 아버지가 끼어들 여지는 눈곱만큼도 없다. 이런 분위기 속에서 아버지가 가정교육에서 중요한 역할을 하기란 기대하기 어려운 일이다. 이렇듯 오늘날 한국 사회에 아버지란 존재는 죽고 없다.

하지만 유대 가정에서는 아버지의 권한과 역할이 여전히 절대적이다. 대표적인 사례가 하나 있다. 유대 가정에는 아이들이 절대 앉으면 안 되는 의자가 하나씩 있는데 바로 '엘리야의 의자'다. 특별하게 생기거나 값비싼 의자는 아니지만 아버지만의 의자라는 남다른 의미가 있다.

엘리야와 아버지와 구세주

유대 가정에는 아버지만의 자리에 아무도 앉지 않는다는 전통이 자리 잡고 있다. 그 자리는 신앙교육이나 밥상머리 교육을 할 때마다 아버지가 앉는 권위의 상징이자 명예로운 자리이기 때문이다.

엘리야는 유대에서 모세 다음으로 유명하고 존경받는 인물이다. 모세와 엘리야는 미래에 이스라엘인들을 구원해 줄 표상으로 받아들여져왔다. 예수님이 팔레스타인에 오셨을 때 당시 사람들이 그 분을 가리켜 '모세' 혹은 '엘리야'라고 부른 것은 이 때문이다.

엘리야는 투철한 신앙심과 용기를 갖고 이스라엘 왕들에게 올바른 충언을 한 인물로 유명하다. 부패한 북왕국 이스라엘의 아합 왕과 악녀 이세벨 왕비 같은 이들에게 맞서 정면으로 대결했다. 이세벨은 우상인 바알 숭배자였기에 엘리야와 아합 왕가와는 늘 대립하는 관계였다. 엘리야는 『구약성경』 「열왕기상」 17장에서 바알 숭배 때문에 이스라엘에 큰 가뭄이 들 것이라고 예언했고 과부의 죽은 아들을 소생시키는 기적을 만든다.

가장 유명한 사건은 다음과 같다. 갈멜산에서 바알의 선지자들과 대결해 450명의 바알 제사장들과 서로의 힘 대결을 시도한다. 바알 제사장들은 광란속에서 신이 강림하기를 외쳤으나 바알신은 나타나지 않았다. 엘리야가 야훼 하나님께 호소하자 불이 내리고 이후 오랜 가뭄을 끝내는 비가 쏟아진다. 그는 바알 제사장들을 다 처단하고 멋진 의식을 마무리했다. 그는 후일 엘리사를 제자로 삼고 하늘로 승천했다.

유대인들은 이런 영웅이 돌아오기를 간절히 원했고 오랫동안 영웅으로 기다려왔다. 그러하기에 아버지의 존재를 엘리야에 빗대어 기다렸던 것이고 그의 의자에는 자녀들이 앉지 않았던 것이다.

사실 예로부터 의자는 사람의 권위와 직함을 나타내는 데 활용되어왔다. 조선시대에 지혜로운 왕들은 충성스러운 신하가 일흔이 넘어서도 조정에서 일하고 있으면 그 신하에게 특별한 선물을 내렸다. 그것은 바로 궤장이다. 궤장이란 의자와 지팡이를 말하는데, 임금이 노정승老政丞에게 "조정에 남아 더 일해주시오!" 하는 부탁과 함께 내리는 것이다. 그러면 신하는 이 의자에 앉아 지팡이를 잡고 정무를 돌볼 수 있었으며, 그 의자에는 아무도 앉을 수 없었다고 한다. 우리에게는 옛이야기가 되었지만 유대인은 지금도 아버지에게 그런 권위를 인정해주고 있다.

유대인들은 남자아이가 태어나면 8일 만에 할례를 행한다. 할례를 행하는 날, 아이를 엘리야의 의자에 앉힌 후에 할례를 시킨다. 이 전통은 이 집의 아이가 앞으로 엘리야처럼 하나님과의 언약을 끝까지 지키고 잘 살아가기를 바라는 의미에서 예로부터 내려오는 것이다. 유대 아버지의 의자는 그래서 더욱 특별하게 다가온다.

유대 아버지의 권위가
남다른 이유

유대인은 토라에서 나고, 토라에서 배우며, 토라에서 죽어간다.
| 유대 속담 |

유대 아버지는 자식에 대한 전적인 축복권을 지닌다. 이는 위계질서에 따른 것으로, 이 축복권은 영적인 축복은 물론이고 물질적인 축복도 포함한다.

기독교인이 아니라 하더라도 창세기에 나오는 노아의 홍수 이야기는 알고 있을 것이다. 전 세계에 걸쳐 홍수가 일어나 인류가 다 멸망하고 노아의 가족 8명만으로 새로운 족보를 만들었다는 이야기다.

1년여 동안의 홍수가 끝난 후 노아는 가족들과 새로이 정착해 포도농사를 지었다. 그러던 어느날 노아가 술에 취해 벌거벗은 채 장막 안에서 잠이 들었는데, 아들 함이 그 모습을 보게 된다. 「창세기」 9장 19~27절 기록을 보자.

노아의 이 세 아들로부터 사람들이 온 땅에 퍼지니라

노아가 농사를 시작해 포도나무를 심었더니

포도주를 마시고 취해 그 장막 안에서 벌거벗은지라

가나안의 아버지 함이 그의 아버지의 하체를 보고 밖으로 나가서

그의 두 형제에게 알리매

셈과 야벳이 옷을 가져다가 자기들의 어깨에 메고 뒷걸음쳐 들어

가서 그들의 아버지의 하체를 덮었으며 그들이 얼굴을 돌이키고

그들의 아버지의 하체를 보지 아니하였더라

노아가 술이 깨어 그의 작은 아들이 자기에게 행한 일을 알고

이에 이르되 가나안은 저주를 받아 그의 형제의 종들의 종이 되기

를 원하노라 하고

또 이르되 셈의 하나님 여호와를 찬송하리로다 가나안은 셈의 종

이 되고

하나님이 야벳을 창대하게 하사 셈의 장막에 거하게 하시고 가나

안은 그의 종이 되게 하시기를 원하노라 하였더라

(「창세기」 9장 19~27절)

노아는 아들 함이 아버지인 자신에게 범한 실수를 덮어두지 않고, 함의 아들인 가나안까지 저주해버린다. 우리로서는 너무한 것 아닌 가 싶지만 유대인들은 노아의 행동을 아버지의 절대 권한이라고 믿 고 그대로 받아들인다.

이 전통을 3,400년 이상 간직해온 사회가 바로 유대 사회다. 3,400년 전은 성경이 기록되던 시대다. 입에서 입으로 전해져오던 전통을 문자로 기록해 성경으로 남기면서 그것을 철저하게 사회화해 민족의 전통으로 자리잡게 한 것이다. 아버지의 절대적 권한이 아직까지 전해 내려오는 희한한 사회, 이것이 바로 유대 사회다.

이와 관련해 아버지의 권위를 인정하는 구약시대의 전통 호칭이 있는데 바로 '아버지'라는 호칭이다. 우리는 친아버지 혹은 양아버지만을 아버지라 부른다. 하지만 유대인은 다르다.

구약에서는 민족의 조상을 나타내는 말로 아버지를 썼다. '아브라함'은 '이스라엘' 민족의 조상으로 아버지라고 불려왔다. 아버지도 아버지고, 할아버지의 아버지도 아버지다. 유대인에게 있어 아버지라는 말은 혈육의 부친을 일컫는 말일뿐 아니라 조상들 전체를 부르는 말로도 사용되었던 것이다. 그만큼 유대인 사회에서 아버지의 권위는 절대적이다.

아버지로서 설득하고 또 설득할 뿐이다

아버지의 권위가 절대적인 점 때문에 자녀들이 피해를 보는 일은 없을까? 물론 있을 수도 있다. 예를 들어 자녀의 직업 선택권을 아버지가 강력하게 간섭하는 경우다. 15살쯤 된 아들이 자기의 진로에 대해 아버지와 의논할 때 아버지는 자신의 의견을 강요하곤 한다.

"내가 기도하면서 얻은 결론은 네가 교사가 되는 것이 합당하다는 것이다. 너는 어떠니?"

"저는 교사가 싫어요. 고등학교를 졸업하면 군인이 되겠습니다. 사관학교에 가서 장교가 될 생각입니다."

"나는 반대다. 우리 집안에 형이 이미 군에서 생활하고 있는데 너까지 군대에 가면 가족은 누가 책임질 것이냐? 대답해보아라."

"군대에 가는 것도 나라를 지키는 것이고, 가족도 책임지는 거라고 생각해요."

"아니다. 유대인은 가정이 가장 소중하다. 형이 나라를 지키고 있으니 너는 가정을 지켜야 한다. 그것은 우리 유대인이 오랫동안 지켜온 책임 분산의 전통이다. 더 생각해보고 다시 이야기하자."

둘째 아들은 억울하겠지만 아버지 말씀을 거스르는 일은 하지 않는다. 어릴 적부터 순종하도록 배워왔기에 아버지의 권위를 인정하는 것이다. 하지만 19살이 넘어서면 그때는 아버지가 아들의 생각을 존중해준다. 유대 아버지는 성인이 된 아들에게 절대 강요하지 않는다. 다만 자신의 생각을 설득하고 또 설득할 뿐이다.

유대 아버지가 존경을 받는 또 다른 이유는 야훼 하나님으로부터 이어져온 신탁이 선지자와 랍비를 통해 가정의 가장인 아버지를 거쳐 내려온다는 믿음 때문이다. 그러니 아버지는 신탁의 계승자나 마찬가지다. 그가 결정하는 것에 쉽사리 이의를 제기하기 어려운 것이다.

그래서 이스라엘의 아버지는 완고하다는 인상을 갖기 쉬운데, 사실을 말하자면 그렇게 완고하거나 엄격하지도 않다. 자녀들을 지극히 사랑하고 신앙적으로 훈련받아 온 가장이라서 자식의 의견을 들어주고 경청하는데 인색하지 않다는 것이다.

취업, 결혼, 창업 등에 아버지가 큰 영향을 미치니 아버지가 자녀들을 지나치게 간섭한다고 여길 수도 있지만 이로 인해 자녀들이 얻는 것도 대단히 많다. 아버지의 신앙 가풍과 가족에 대한 책임감, 자신의 결정에 대한 철저한 책임 등을 계속해서 배우는 것이다. 그리고 그 전통은 대를 이어가며 전달된다.

4

엄격하면서도 사랑이
충만한 유대 아버지

자식을 꾸짖을 때 엄격하게 하면 순종하지만, 반복해서 꾸짖으면 듣지 않는다.
| 유대 속담 |

공동체에선 엄격하게

큰 식당에 가면 어린 아이들이 마구 떠들며 뛰어다니는 모습, 이맛살이 찌푸려질 정도로 울거나 서로 싸우는 모습 등을 종종 볼 수 있다. 식당 주인은 손님이니 뭐라 말 한마디하지도 못한다. 부모는 그런 아이들을 그냥 방치하고 있다가 누가 한마디라도 할라치면 "내 자식에게 왜 야단치느냐"라면서 핏대를 세우고 덤벼든다. 하지만 유대인 사회에서는 절대로 볼 수 없는 풍경이다.

유대 속담에 이런 말이 있다.

"즐겁고 오래 살고 싶으면 아이들에게 잔소리하라. 여생을 편안히 마치려면 아이들에게 전권을 주지 마라. 편안히 죽고 싶으면 자식을 멀리 보내라."

자식을 가까이 두고 마냥 아끼다가 보면 아이들을 눈치 없는 아이로 성장하게 만들고 버릇없는 아이로 키우게 될 것을 염려한 유대 격언이다. 사실 유대 아버지는 대체로 자녀들에게 엄한 편이다. 하지만 그 속에는 아버지의 무한한 사랑이 숨겨져 있다. 자식을 강하게 키우고 싶어하고 남들에게 무시당하지 않게 하려는 억척같은 부성애가 숨어 있는 것이다.

일례로 유대 아버지들은 어린아이가 있는 경우 외식을 잘 하지 않는다. 특별한 날일지라도 아이들을 밖으로 데리고 나가지 않으려 하는데, 그 이유는 아이들이 남들에게 폐를 끼칠 수 있다거나 그런 곳에 가면 자녀가 떼를 쓰는 등 버릇이 나빠질 것을 염려하기 때문이 아니다. 그저 유대 아버지는 식당에 가서 대화를 나누고 교제를 하는 행위가 어른들의 일이라 여겨 아이들을 데리고 가지 않는 것뿐이다. 즉 유대 아버지는 아이들은 아이들답게, 어른들은 어른들답게 자기 자리를 지켜야 한다고 생각한다.

외식을 잘 하지 않는 또 다른 이유로는 아이들에게 그 식사자리가 대단히 지루하고 어울리지도 않는 분위기일 수 있기 때문이다. 이런 이유로 유대 아버지는 가정마다 다르긴 하지만 어린 아이와 외식을 자주 하지 않는다. 우리네 아버지들이 하는 생각과 유대 아버지들의 생각이 정말 다르지 않은가.

유대 아버지들은 엄격하면서도 사랑이 충만하다. 세계에서 가장 잔소리가 많은 아버지가 유대 아버지일 것이다. 잔소리를 하며 엄격하게 키우면 자녀들은 좋은 방향으로 변화한다는 것이 유대 아버지들의 근본적인 생각이다.

복잡한 유대인 아버지의 세계

유대 이야기 중에 이런 우화가 나온다. 압살롬은 다윗이 가장 사랑하는 아들이었다. 성경 「사무엘하」 14장 25절은 이 부분을 이렇게 이야기하고 있다.

> 온 이스라엘 가운데에서 압살롬같이 아름다움으로 크게 칭찬 받는 자가 없었으니 그는 발바닥부터 정수리까지 흠이 없음이라
>
> (「사무엘하」 14장 25절)

무척이나 사랑스러운 아들이었기에 다윗은 그 아들을 나무라지 않고 키웠다. 하지만 훗날 압살롬은 아버지 다윗왕에게 반역을 일으키고 스스로 왕이 되었다.

그럼에도 다윗왕은 아들 압살롬을 원망하지 않았다. 더 훗날 부하들이 압살롬을 죽이고 반란을 진압하자 그 일로 속이 상해 위층으로 올라가서 울었는데, 그가 올라갈 때도 "내 아들 압살롬아, 내 아들 내 아들 압살롬아, 차라리 내가 너를 대신해 죽었더라면, 압살롬 내

262

아들아 내 아들아" 하고 울었다. 반란군을 진압한 다윗의 군대가 머쓱할 정도였다.

세월이 흘러 다윗이 정사를 제대로 돌보지 못할 정도가 되자 이번에는 압살롬의 동생 아도니야가 반란을 일으켰다. 이 아들에게도 다윗은 잔소리를 하지 않고 키웠다. 앞에서 언급한 아도니야 이야기다.

성경 「열왕기상」 1장 6절이 이와 관련된 역사적 사실을 기록해놓았다.

> 그는 압살롬 다음에 태어난 자요 용모가 심히 준수한 자라 그의 아버지가 네가 어찌하여 그리 하였느냐고 하는 말로 한 번도 그를 섭섭하게 한 일이 없었더라 (「열왕기상」 1장 6절)

다윗은 압살롬에게도 아도니야에게도 잔소리를 하지 않고 키웠기 때문에 이런 반역을 초래한것이다.

이 우화는 성경을 기반으로 한 것이라 유대인에게는 이미 널리 알려진 이야기다. 유대인들은 그들의 자녀교육관으로 볼 때 자녀를 훈육하지 않은 다윗을 다소 못마땅하게 생각한다. 자녀교육에 대해 엄격한 유대 아버지들의 입장이 드러나는 부분이다. 반면 반역자 아들의 죽음을 놓고 슬피 우는 다윗의 모습에서는 유대 아버지의 뜨거운 자식 사랑을 엿볼 수 있다.

노만 주이슨이 감독한 걸작 중의 걸작인 뮤지컬 영화 〈지붕 위의 바이올린〉은 유대 아버지의 자녀교육관을 잘 보여준다. 우크라이나 지방의 작은 마을 아나테프카에서 우유 가공업으로 생계를 유지하며 사는 테비에는 가난한 삶에도 불구하고 신앙심이 깊은 한 가정의 가장이다. 그는 수다스러운 아내 고르데와 5명의 딸들과 함께 유대인의 가치관을 지키기 위해 갖은 고생을 마다하지 않고 살아간다. 그는 아버지로서 딸들의 출가와 사회적 격변기를 적응하지 못하며 괴로워하는데, 신앙심으로 이 어려움을 극복하려고 애를 쓴다.

이 영화의 주인공 테비에는 전형적인 유대 아버지로, 한편으론 엄격하고 완고하며 또 한편으론 사랑이 충만한 다정한 아버지다. 그는 때로는 잔소리와 고집으로 자신과 가문을 지키려 하고, 때로는 그것이 마음먹은 대로 되지 않아 슬퍼하지만 누구보다 자식을 뜨겁게 사랑하는 모습을 보여준다.

이 복잡한 아버지의 세계가 유대 아버지의 세계다. 클라이맥스에 나왔던 〈선 라이즈 선셋〉이라는 세기의 명곡과 바이올린 연주장면은 아직도 생생하다. 위태로운 지붕 위의 연주자는 외롭고 위험한 세상을 헤쳐가는 유대 아버지의 상징처럼 묘사되었다. 유대 아버지의 사랑은 이처럼 어느 나라 아버지보다 더 충만하다.

5

유대 아버지가
자녀에게 읽어주는 격언들

남자로 태어나는 것과 아버지가 된다는 것은 다른 이야기이다.
| 유대인 성공격언 |

　유대 아버지가 가장이면서도 하는 또 하나의 역할은 교사다. 그들
은 교사의 직분을 가지고 자녀들을 훈련시키는데, 주로 『탈무드』를
교재로 삼는다. 그들은 많은 신앙적 정보를 취합하고, 그것을 자녀들
에게 읽어주기도 하고 학습시키기도 한다.

　다음은 유대 아버지들이 주로 읽어주고 자녀에게 전해주는 신앙
적 성공 격언들이다. 『탈무드』에서 나온 것과 성공한 유대인들이 남
긴 말이지만 나름대로 성공이라는 단어의 앞뒤를 생각해보게 만든
다. 유대인들의 경륜과 비즈니스 생활습관, 전통에서 나온 가르침이
기에 충분히 읽고 가슴에 담아둘 만한 내용들이다.

성공의 절반은 인내다

이 말은 성공하기 위해 인내가 필요하다는 말도 되지만 조금만 다르게 생각해보면 성공하는 데는 인내만 필요한 것이 아니라는 말도 된다. 유대 아버지들은 다양한 관점에서 문제를 바라보도록 자녀들을 가르쳐왔다.

우리는 대부분 이 말을 인내에 초점을 맞추어 생각한다. 하지만 유대인들은 자녀에게 "관점을 달리해서 생각해보자. 이 말의 반대편에 인내 말고 반은 뭐가 더 있지?"라며 자녀들이 궁금해 하고 스스로 생각하도록 가르쳐왔다.

그러면 그 속에서 '도전'이라거나 '인성'이라거나 '가족들의 전폭적인 지지'라는 등 다양한 생각이 나오게 되고, 왜 그런지를 토론하게 되는 것이다. 유대 아버지의 가르침도 진화하는 중이고, 『탈무드』에 나오는 이 격언도 여전히 진화하는 중이다.

늘 의문을 갖고 파고들며 다시 생각해보는 힘. 그것은 인내만큼 그들에게 중요한 관습이다.

현상 유지를 하는 것만큼 위험한 일은 없다

이 말은 남북국 시대 이스라엘과 유다 왕국 시절부터 있었던 아주 오랜 속담이다. 오랫동안 유대인들에게 구전으로 전해졌다가 미국 사회로 이어져 내려왔다. 이 말은 자기만족에 빠져 있지 말고 계속해서 전진하기를 바라는 아버지의 마음을 기록한 것이다.

세계적인 컴퓨터 기업 델의 창업자 마이클 델은 이에 대해 이렇게 말한 바 있다.

"1나노세컨드^{nanosecond}만 축하하고 곧바로 나아가라!"

1나노세컨드는 10억 분의 1초를 말하는 것이다. 즉 그는 일이 잘 풀려도 그것에 만족하지 말고, 축하는 그 순간에만 하고 계속해서 앞으로 나가라고 요구하고 있는 것이다. 마이크 델은 20세기 말에 혜성처럼 나타나 전 세계 컴퓨터 시장을 석권했던 컴퓨터 업계의 맹주였다.

그러나 그러던 마이크 델도 2014년 연말 발표에 따르면 100위권 밖으로 사라졌다고 한다. 그 역시 축하하는 데 많은 시간을 쏟았기 때문일까? 이는 우리가 그만큼 경쟁이 치열한 사회에 살고 있다는 의미다.

'현상 유지는 곧 퇴보'라는 말이 지금처럼 가슴을 때린 적은 없다.

뱃사람도 물에 빠질 때가 있다

이 말은 유대 격언이다. 프로가 된다는 것은 남보다 분명히 다른 뭔가를 얻어냈기 때문에 일류라 불리는 것이다. 그러나 거기에 만족하고 있으면 일류에서 이류로 이류에서 삼류로 전락하고 만다. 뱃사람도 물에 빠질 수 있을까? '빠질 수 있다'가 정답이다.

실수도 하고 실패도 할 수 있는 것이 인생이다. 하지만 일류에서 떨어지면 그만큼 더 아프고, 그 낙담과 좌절이 누구보다 더 오래 간다. 그러므로 언제든 물에 빠지지 않도록 늘 자신을 다듬고 성찰하며 보살펴야 한다.

이 격언은 물에 빠지지 않는 방법을 가르친다기보다 빠질 때를 준비하라는 말처럼 들리기도 한다. 어려울 때를 어떻게 대비해야 하며 마음가짐은 어떻게 하는 것이 좋은지 늘 자신을 돌아보게 하는 유대인 격언이다.

상황이 나빠질수록 기회가 온다

이 말은 미국 경제계를 쥐락펴락하는 유대인 조지 소로스가 남긴 명언이다. 조지 소로스는 소로스 펀드 매니지먼트Soros Fund Management 사의 회장이며, 열린사회를 지원하기 위한 글로벌 네트워크 재단 설립자였다. 그리고 세계 금융계의 큰손이자 최고의 펀드매니저로 불려왔다.

조지 소로스는 투자의 귀재로, 나치의 위협을 받아 목숨을 빼앗길 위험을 이겨내고 미국에 정착한 대표적인 유대인이다. 그의 말 한 마디에 미국시장이 들썩이고 일본과 영국이 눈치를 볼 정도로 금융권에서는 알아주는 큰손이다.

그는 "상황이 나빠지면 나빠질수록 전세를 뒤집기 딱 좋다"라고 말했다. 이 말을 간결하게 말하면 '위기는 곧 기회'라는 뜻이다. 위기를 겪고 있다면 지금이 바닥이라는 점을 잊지 말라. 이제부터 일어설 일만 남았다.

랍비에 대한 남다른 존경심

유대인에게 가장 존경받는 인물을 꼽으라면 모세와 엘리야를 꼽을 수 있다. 여기에 한 명 아니, 한 그룹을 더 보태라면 유대 민족의 스승인 랍비 그룹을 꼽는다.

랍비는 무덤에서 요람까지 모든 유대인의 인생을 책임지는 지도자다. 그는 산파가 없으면 아기를 받아주는 산파의 역할도 하고, 때로는 장례지도사가 되어주기도 한다. 그러니 유대인 공동체 삶에서 랍비만큼 중요한 인물은 없다 해도 과언이 아니다.

랍비 가운데 가장 존경받는 이는 랍비 아키바다. 예루살렘성 안에 비록 가난했지만 대단히 고귀하고 겸손한, 양치는 목자 아키바라는 랍비가 살았다. 그는 『탈무드』에 등장하는 랍비 중에서 가장 존경받는 인물로 알려져 있고, 유대인의 민족적 영웅이기도 하다.

아키바는 양치기로 고용되어 일하다가 주인집 딸과 결혼했는데 글을 읽지 못했다. 알고 보니 너무 가난해서 유대인 학교를 다니지 못했던 것이다. 그러자 아내가 나서서 그에게 학교에 나가도록 했고, 그는 어린 아들과 함께 학교에 다니는 만학도가 되었다. 그는 공부를 시작하자마자 놀라운 성적을 보였다.

그가 3년간 학교에서 배우고 돌아왔을 때 당대 최고 학자로서의 명성을 얻어 유명해졌다. 그는 훗날 『탈무드』 최초의 편집자가 되었으며, 의학과 천문학을 공부하고 많은 외국어를 말할 수 있었기 때문에 여러 번 유대 민족의 대표 사절로 선택되어 로마를 방문하기도 한 것으로 전해진다.

로마로서는 유대 나라가 골칫덩이였다. 민란에다 반란도 자주 일어났으며, 로마식 법령을 잘 따르지 않고 유대의 전통과 관습을 지나치리만큼 숭상한다고 여겼던 것이다. 그래서 반란이 일어나면 강경 진압하는 것이 로마의 방침이었다. 아키바는 기원후 132년 유대인이 로마의 지배에서 벗어나기 위해 반란을 일으켰을 때 최고의 랍비로 명성을 얻고 있었기에 로마는 유대인의 정신적 지도자인 아키바를 손볼 필요가 있었다.

반란이 진압되자 로마는 학문을 하고 있는 자는 누구든 사형에 처할 것이라고 선포했다. 유대인들이 『탈무드』에 의해 전통을 지켜온 사실을 알고 있었기 때문이었다. 이때 랍비 아키바는 "유대인에게 학문은 물과 같은 곳으로 그곳을 떠나 뭍으로 올라간다면 죽어버리고 말 것이다. 유대인은 배우지 않으면 유대인이 아니다"라며 로마의 학문 금지령에 공식적으로 반대 의사를 표시했다.

로마 당국은 투옥한 랍비 아키바를 로마로 끌고가 공개적으로 처형하고 본때를 보이기로 했다. 그런데 랍비 아키바를 십자가에 매달아 죽이는 것은 너무 편하게 죽이는 것이므로 더 고통스럽게 하기 위해 불에 달군 인두로 온몸을 지져 태워 죽이기로 결정했다.

처형식 당일에 로마의 사령관은 포로 랍비 아키바가 아침 기도를 시작하려는 모습을 보고 인두형을 명령했다. 놀랍게도 랍비 아키바는 시뻘건 인두가 몸에 닿는 데도 굴하지 않고 아침 기도를 올렸다. 놀란 사령관이 그에게 어떻게 이런 상황에서 기도를 올릴 수 있느냐고 묻자 그는 이렇게 대답했다.

"나는 여호와 하나님을 사랑하고 있는데 이렇게 죽는 상황에서도 믿음을 잃지 않고 기도하는 나 자신에게서 진실로 하나님을 사랑하는 모습을 발견하게 되어 정말 기쁘오."

랍비 아키바의 생명은 여기서 끝났다. 하지만 그가 남긴 믿음의 정신은 유대인들 가슴에 길이 남아 2천 년간을 전해오고 있다.

로마가 유대 민족을 무너뜨리고 예루살렘을 공격했을 때 가장 중점을 둔 것은 무력 지배는 물론이고 문화적 지배를 확립하자는 것이었다. 처음에는 유대인 학교를 폐쇄하고 예배를 드리지 못하게 막았다. 로마가 유대 민족을 자치적으로 다스린 것으로 알지만 사실은 그렇지 않았다. 조직적이고 체계적으로 유대 민족을 탄압하고, 그들의 동질성을 파괴하는 것을 일차적 목표로 삼았다.

그리고는 유대인의 정신적인 지도자이자 신앙적인 지도자인 랍비 양성을 막으려 들었다. 랍비는 '나의 선생님' '나의 주인님'이라는 뜻이다. 라보니rabboni라고도 한다(「요한복음」 20장 16절). 이 용어는 1세기에 이르러 보편화되었고, 이후 유대교의 지도자 제도로 정착되었다고 한다. 결국 로마도 유대인의 저항을 이기지 못했고, 랍비는 오늘날까지 살아 유대인들을 가르친다.

바벨로니아 포로 시절에도 랍비에 해당하는 스승이 있었을 것이다. 랍비는 앞에서도 여러 곳에서 언급했지만 유대인에게 가장 중요한 스승의 자리를 차지한다. 랍비가 될 사람은 『구약성경』와 『탈무드』에 대한 연구과정을 거쳐 최고의 지도자 자리에 오르게 되어 있다. 그러나 현대의 랍비 교육과정에는 다양하고 총체적인 지도력 배양을 위한 과목들이 포함되어 있다. 그 기능은 유대교 내의 다양한 분파, 즉 정통파·보수파·개혁파와 진보적 급진파에 따라 서로 조금씩 다르다.

어떤 분파의 랍비든 간에 유대인에게서 랍비를 없애버리면 유대인 사회는 없어진 것과 같다. 로마는 이 점을 깨닫자 랍비 학교를 제일 먼저 없애기로 했다. 유대 사회에 랍비가 없다는 것은 곧 유대 민족의 정체성 상실로 이어지기 때문이다. 랍비 양성학교에서 후보생 랍비가 졸업할 때면 성대한 잔치와 졸업식이 열렸는데, 로마는 여기에 참석하는 사람이 누구이든지 처벌하게 했다. 가장 효과적인 탄압수단을 동원한 셈이었다.

이에 유대 가정들은 악착같이 랍비교육을 시키려 들었고, 로마 당국에 들키지 않으려고 애를 썼다. 그렇게 탄압을 피해 은밀하게 존재해오던 랍비학교는 탄압이 약해지면서 공개적으로 종교학교라 해서 유대인들이 모여 사는 각국 각지에 들어섰다.

현재 미국에도 랍비 양성학교가 설립되어 있는데 우리나라의 대학원 정도에 해당하는 수준의 교육을 가르친다. 기본 성경을 배우고 히브리어를 통달해야 하며, 아랍과 이스라엘의 역사에 대해 오랫동안 배워야 한다. 『탈무드』 수업은 예습하지 않으면 쫓아가기 어려워

오랜 시간 공부가 필요하다고 한다. 졸업을 하고도 2년간 군이나 농촌에서 봉사활동도 해야 한다. 이런 노력 끝에 받는 사회적 명예와 대접이 좋아 유대 사회에서 랍비는 최고 직업 가운데 하나다.

유대인은 20~30가구만 있어도 예배당을 세운다. 그러므로 어디서나 랍비가 필요하다. 이에 유대 아버지들은 랍비가 되려는 자식을 가장 소중히 여기고 이들에게 전폭적인 지원을 해준다. 우리는 자식을 낳아 공부를 잘하면 일명 '스카이 대학'이라고 부르는 일류 대학에 보내려 하지만 유대 아버지는 자식을 낳으면 머리 좋은 아이일수록 랍비학교에 입학시키려 한다. 그래서 유대 사회는 그 어떤 나라보다 신앙적 기반이 튼튼한 사회라 할 수 있다.

랍비에 대한 유대인의 충성 혹은 존경심은 남다르다. 랍비의 가르침과 교훈을 성심성의껏 따르려고 노력하며 지키고자 애쓴다. 즉 랍비는 유대인 공동체의 수장이자 지도자이며 멘토인 것이다.

랍비들의 일반적인 기능과 역할은 종교행사와 각종 의식의 주재이며, 이들은 각종 교육활동에도 폭넓게 참여한다. 또한 지역사회를 위한 구제와 봉사활동에도 관여하며, 여러 형태의 공동체 사업을 지원기도 한다. 일부 랍비는 생계를 위한 직업을 가지면서 시간제 봉사직으로 랍비의 업무를 수행하기도 한다. 공식으로 임명받은 랍비가 없는 경우에는 공동체 내에 의식을 행할 만한 경건함과 인격을 구비한 사람이 랍비의 역할을 수행하기도 한다.

랍비는 돈을 벌지 않아도 공동체가 봉급을 만들어준다. 14세기부터 랍비들에게 봉급이 지급되었는데, 이것은 랍비가 돈을 벌고 다니

느라 그 직책을 감당하지 못하면 안 되기 때문이었다.

유대인은 어딜 가든지 학교와 예배당(회당)부터 세웠다. 심지어 예배당이 없는 곳에서 유대인은 살 생각도 하지 않는다. 유대인 사회에서 랍비가 된다는 것은 종교적·공동체적으로 최고의 자리에 오르는 것을 의미하므로 유대 부모들은 이를 최고의 명예로 여긴다.

랍비는 새벽부터 저녁까지 공동체를 위해 봉사하며 상담하고 사랑을 나눈다. 구제에 앞장서고, 여러 가지 이해관계를 조정하는 상담자 역할도 하고 있다. 누구 하나 랍비에 대해 불평하지 않고 순종한다. 유대 사회에서 랍비가 되는 것이 대통령이 되는 것보다 더 기쁜 일인 셈이다. 이렇게 멋진 직업에 유대 부모들이 매료되는 것은 당연한 일 아닐까.

우리 부모들은 최선을 다하고 있는가?

이번 책에서 유대인 엄마에 대한 칭찬을 주로 했다. 일방적으로 유대인의 우수성을 주로 언급했다 싶기도 하다.

유대 젊은이들은 과거의 그들 조상보다는 많이 세속화되었다. 군대를 마치고 많은 연금을 들고 나오는 이스라엘 여행자는 유대교를 믿는 이들에게조차 막가파 여행자로 소문나 있을 정도로 행패가 이만저만이 아니다. 과연 유대인인가 싶다. 일부 유대인들은 지금도 자신들만이 선택받았다고 생각해 다른 나라 국민을 우습게 여겨 깔보기도 하고, 탄압에 앞장서기도 한다. 아랍을 소중한 이웃으로 인정하지 않고 물리쳐야 할 적이자 핍박받아도 마땅한 민족으로 여기기도 한다.

그럼에도 필자가 여기 본문에 유대인의 우수성을 집중해서 기록한 것은 배울 만한 것은 배우자라는 취지에서 장점만을 취사선택한 것이란 점을 밝혀둔다. 그들이 잘못하는 것까지 배울 필요는 당연히 없다. 우리에게도 많은 장점이 있으니 문화사대주의적일 필요는 당연히 없는 것이다.

집필을 끝내고 다시 한 번 글을 돌아보면서 유대 부모에게서 배울 것이 정말 무엇인가를 생각해보았고, 나는 과연 한 아이의 부모로서 부모의 역할을 제대로 하고 있는지 되돌아보게 되었다. 내 남은 생애는 미래 세대 교육에 더 열심히 나서야겠다는 생각도 저절로 하게 된다.

『탈무드』에 이런 이야기가 나온다.

"매일 오늘이 당신의 마지막 날이라고 생각하라!"

이 말대로 만약 오늘이 마지막이라면 자신과 인연을 맺어온 여러 사람들과 전화 한 통 혹은 커피 한 잔이라도 나누며 고맙다는 이야기를 하고 싶기도 하지만 진짜 마지막 날이라면 그런 데 신경 쓸 여유가 과연 있기나 할까?

나라면 그 누구보다 자식과 남은 시간을 같이 보내고 싶을 것같다. 왠지 그래야 할 것 같다. 만약 오늘 한 자녀의 부모로 이 생을 끝내야 한다면 자식에게는 한없는 후회를 품고 떠나게 될 것이 분명하기 때문이다.

지금 와서 생각해보니 아이에게 좀더 가까이 다가가서 이야기해

주지 못한 것, 좀더 안아주고 쓰다듬어 주지 못한 것, 이곳저곳을 함께 여행하며 살갑게 말이라도 더 나누어보지 못한 것 모두 진한 아쉬움으로 남는다.

"유대인 엄마들처럼 하나뿐인 아들을 좀더 당당하고 독립적이고 융통성 있게 키웠더라면 얼마나 좋았을까?"

지금의 나를 돌아보니 삶에 치이고 일상에 바쁘다는 핑계로 자녀교육을 내맡겨버린 못난 부모의 모습을 스스로 발견하게 된다.

물론 유대인 부모들이 가장 최고라고 말할 수 있을 것 같지는 않다. 하지만 적어도 그들 못지않게 올바르게 자녀교육을 해냈어야 했다. 어리석지만 지금에야 후회가 되고, 늦었지만 이제라도 고쳐보고 싶다.

명예나 부, 좋은 차, 좋은 아파트, 돈을 우상으로 여기지 않고 진정 자녀를 남다르게 키워내려면 부모부터 스스로 고칠 것이 한두 가지가 아니다. 제대로 아이를 가르치기 위해 많은 공부와 도전에 뛰어들어야 한다.

배금주의에 빠져 스스로 자녀를 돈의 노예로 만들지도 말아야 한다. 지금처럼 건물주가 창조주보다 앞서 대접받는 풍조는 바람직한 상황이 절대 아니다.

그저 우리는 너무 남들처럼 키우는 데 익숙한 나머지 중요한 부분을 잃어버리고 산 것은 아닌지 염려된다. 이 책을 읽는 독자들께서는 물론 잘하고 계시겠지만 젊은 부모라면 이 책이 지금의 자녀교육 방법을 돌아보는 계기가 될 수도 있겠다 싶어 사족 같은 이야기를 이리저리 보탰다.

이 책을 읽고 지금보다는 더 건강하게 자녀를 키우는 분들이 더 많아졌으면 좋겠다. 유대인 엄마가 무색해질 정도로 한국 엄마가 지금보다 훨씬 존경받는 엄마가 되면 미래의 우리 자녀들이 좀더 나은 세상에서 살게 될 것이라는 기대를 품어본다.

청랑 박기현

■ **독자 여러분의 소중한 원고를 기다립니다** ────────────

메이트북스는 독자 여러분의 소중한 원고를 기다리고 있습니다. 집필을 끝냈거나 집필중인 원고가 있으신 분은 khg0109@hanmail.net으로 원고의 간단한 기획의도와 개요, 연락처 등과 함께 보내주시면 최대한 빨리 검토한 후에 연락드리겠습니다. 머뭇거리지 마시고 언제라도 메이트북스의 문을 두드리시면 반갑게 맞이하겠습니다.

■ **메이트북스 SNS는 보물창고입니다** ────────────

메이트북스 홈페이지 www.matebooks.co.kr

책에 대한 칼럼 및 신간정보, 베스트셀러 및 스테디셀러 정보뿐만 아니라 저자의 인터뷰 및 책 소개 동영상을 보실 수 있습니다.

메이트북스 유튜브 bit.ly/2qXrcUb

활발하게 업로드되는 저자의 인터뷰, 책 소개 동영상을 통해 책에서는 접할 수 없었던 입체적인 정보들을 경험하실 수 있습니다.

메이트북스 블로그 blog.naver.com/1n1media

1분 전문가 칼럼, 화제의 책, 화제의 동영상 등 독자 여러분을 위해 다양한 콘텐츠를 매일 올리고 있습니다.

메이트북스 네이버 포스트 post.naver.com/1n1media

도서 내용을 재구성해 만든 블로그형, 카드뉴스형 포스트를 통해 유익하고 통찰력 있는 정보들을 경험하실 수 있습니다.

메이트북스 인스타그램 instagram.com/matebooks2

신간정보와 책 내용을 재구성한 카드뉴스, 동영상이 가득합니다. 각종 도서 이벤트들을 진행하니 많은 참여 바랍니다.

메이트북스 페이스북 facebook.com/matebooks

신간정보와 책 내용을 재구성한 카드뉴스, 동영상이 가득합니다. 팔로우를 하시면 편하게 글들을 받으실 수 있습니다.

STEP 1. 네이버 검색창 옆의 카메라 모양 아이콘을 누르세요.　　STEP 2. 스마트렌즈를 통해 각 QR코드를 스캔하시면 됩니다.
STEP 3. 팝업창을 누르시면 메이트북스의 SNS가 나옵니다.